中国企业业财融合研究

张翼飞 朱盈盈 郭永清 著

四川大学出版社

图书在版编目（CIP）数据

中国企业业财融合研究 / 张翼飞，朱盈盈，郭永清著． — 成都：四川大学出版社，2023.10
ISBN 978-7-5690-6407-0

Ⅰ．①中… Ⅱ．①张… ②朱… ③郭… Ⅲ．①企业管理－财务管理－研究－中国 Ⅳ．①F279.23

中国国家版本馆CIP数据核字（2023）第197632号

书　　名：	中国企业业财融合研究
	Zhongguo Qiye Yecai Ronghe Yanjiu
著　　者：	张翼飞　朱盈盈　郭永清
选题策划：	唐　飞
责任编辑：	唐　飞
责任校对：	刘柳序
装帧设计：	墨创文化
责任印制：	王　炜
出版发行：	四川大学出版社有限责任公司
地　　址：	成都市一环路南一段24号（610065）
电　　话：	（028）85408311（发行部）、85400276（总编室）
电子邮箱：	scupress@vip.163.com
网　　址：	https://press.scu.edu.cn
印前制作：	四川胜翔数码印务设计有限公司
印刷装订：	四川盛图彩色印刷有限公司
成品尺寸：	170 mm×240 mm
印　　张：	8
字　　数：	174千字
版　　次：	2023年11月 第1版
印　　次：	2023年11月 第1次印刷
定　　价：	50.00元

本社图书如有印装质量问题，请联系发行部调换

版权所有　◆　侵权必究

扫码获取数字资源

四川大学出版社
微信公众号

前言
PREFACE

  2014 年 10 月 27 日，财政部发布的《关于全面推进管理会计体系建设的指导意见》指出"管理会计是会计的重要分支，主要服务于单位（包括企业和行政事业单位）内部管理需要，是通过利用相关信息，有机融合财务与业务活动，在单位规划、决策、控制和评价等方面发挥重要作用的管理活动"。2016 年 6 月 22 日，财政部发布的《管理会计基本指引》进一步明确"单位应用管理会计，应遵循融合性原则。管理会计应嵌入单位相关领域、层次、环节，以业务流程为基础，利用管理会计工具方法，将财务和业务等有机融合"。

  业务与财务活动的有机融合简称业财融合。业财融合是指企业业务、财务和管理工作有效的融合。业财融合在企业提高决策质量、提高经营效率和效果、增加企业的凝聚力、提高风险防控的过程中有着非常重要的作用。业财融合的实施正受到越来越多的企业和学者的高度重视。然而，到目前为止，我国学者关于业财融合在我国企业中实施的现状、业财融合是否能够提升企业业绩，以及影响业财融合成功实施的因素的关注还不够。因此，本书基于我国 226 家样本企业，应用偏最小二乘法（PLS-SEM）研究影响业财融合程度的主要因素、业财融合对企业业绩是否有显著的影响，以及非财务业绩对业财融合程度与财务业绩是否有显著的中介效应。

  本书的研究结果显示：第一，业务和财务在我国企业融合的程度并不高，财务人员对企业前端业务有一定的参与，但话语权不强；第二，企业高层的支持是影响业财融合程度的显著因素，而其余因素，如相关绩效制度、资源因素和信息技术因素对业财融合并没有明显的影响；第三，业财融合对企业的非财务业绩有显著的影响，如员工业绩、内部流程业绩和市场业绩的实现程度有显著且正向的影响，同时非财务业绩中的市场业绩对业财融合程度与财务业绩的关系有中介作用。最后，本书也对我国企业成功实施业财融合提出了一些建议，如企业高层需要大力支持业财融合的实施、实施管理会计工具、构建相关业绩指标体系等。

本书共分为6个部分，内容虽偏重于管理，但在实例中介绍了河北联通实施业财融合的情况。本书是为科研人员、高校教师及大专院校学生提供有实用参考价值的工具书，同时也可为企业实现业务财务一体化提供参考。

本书的作者都是从事管理会计实务、管理控制系统、财务等研究和教学多年的教授和副教授，具有丰富的理论和实务经验。本书绪论~第5章由张翼飞、朱盈盈和郭永清共同完成。附录中，河北联通的案例部分由郭永清完成。本书的出版得到了成都大学商学院、成都大学社科处以及上海国家会计学院的大力支持，在此表示感谢。在本书的编写过程中，参照、归纳和采用了近年来同行业高校教师和科研人员公开发表的有关文献和案例资料，在此也向上述资料的作者表示衷心的感谢。

由于本书涉及管理会计、财务和管理控制系统等多个领域，限于作者的学术水平和研究能力，书中难免存在疏漏和不当之处，恳请各位读者批评指正。

著　者
2023年4月

目 录

绪 论 …………………………………………………………（1）
  0.1 研究背景和研究意义 ………………………………（1）
  0.2 研究目的和研究内容 ………………………………（4）
  0.3 研究思路和研究方法 ………………………………（6）
  0.4 研究的创新点和局限性 ……………………………（8）
  0.5 相关变量的定义 ……………………………………（9）
  0.6 本章小结 ……………………………………………（10）
1 文献回顾与评述 ………………………………………（11）
  1.1 国内相关研究 ………………………………………（11）
  1.2 国外相关研究 ………………………………………（19）
  1.3 研究述评 ……………………………………………（22）
  1.4 本章小结 ……………………………………………（24）
2 理论框架和假设的提出 ………………………………（25）
  2.1 理论基础与研究框架 ………………………………（25）
  2.2 研究假设的提出 ……………………………………（27）
  2.3 本章小结 ……………………………………………（35）
3 研究方法 ………………………………………………（37）
  3.1 研究样本和数据收集 ………………………………（37）
  3.2 主要研究变量的设计 ………………………………（38）
  3.3 数据分析方法 ………………………………………（43）
  3.4 本章小结 ……………………………………………（45）
4 数据分析结果与讨论 …………………………………（47）
  4.1 问卷回收情况分析 …………………………………（47）
  4.2 问卷数据的前期分析 ………………………………（48）
  4.3 样本企业的基本信息 ………………………………（50）

4.4	测量模型的总体检验	（53）
4.5	描述性统计和频率性统计	（57）
4.6	研究假设检验结果	（64）
4.7	多重共线性的检验	（69）
4.8	本章小结	（70）
5	结论与建议	（72）
5.1	研究结论总结	（72）
5.2	成功实施业财融合的建议	（78）
5.3	本书的局限性和对未来研究的建议	（81）

参考文献 …………………………………………………………（83）

附录一 调查问卷 ………………………………………………（92）
  第一部分 业财融合的实施程度 ……………………………（92）
  第二部分 影响业财融合成功实施的因素 …………………（94）
  第三部分 企业业绩 …………………………………………（95）
  第四部分 背景信息 …………………………………………（96）

附录二 业财融合的实践：以河北联通为例…………………（98）
  一、引言 ………………………………………………………（98）
  二、河北联通业财融合的背景情况 …………………………（99）
  三、河北联通的运营架构和管理创新 ………………………(101)
  四、河北联通业财融合的路径 ………………………………(106)
  五、专业财务的具体实践 ……………………………………(113)
  六、河北联通业财融合中的管理会计工具 …………………(117)
  七、河北联通业财融合的启示 ………………………………(120)

绪　论

本章主要介绍本书的研究背景和研究意义、研究目的和研究内容、研究思路和研究方法、研究的创新点和局限性等。

0.1　研究背景和研究意义

0.1.1　研究背景

近年来，我国企业的经营环境正起着非常深刻的变化，企业正面临着越来越激烈的竞争和巨大的挑战。为了在激烈的竞争环境中及时识别和抓住各种各样的机遇、管理各种经营风险、实现企业的可持续发展，企业必须提高其经营决策的准确性。而提高经营决策的准确性，企业必须确保财务信息的准确性，必须将财务活动管理延伸到企业的前端业务活动中，即在企业里广泛地实施业财融合。

业财融合是指企业业务、财务和管理工作有效的融合。在业财融合下，财务人员需要对企业的业务具有深刻的理解，并将财务管理应用到企业的业务活动中，通过财务管理对企业资源进行有效的分配。财务部门不仅要是对业务进行事后监督和核算，更要通过与业务广泛地、深度地融合，把财务管理渗透到业务的事前、事中和事后的全过程。无论是从企业加强经营管理的需要来看，还是从企业的长远发展来看，财务管理与业务工作的融合都是提高管理水平最基本的要求，也是现代企业经营管理发展的趋势（中国总会计师，2014）。此外，业财融合的实施也可以大大提高企业经营决策的质量和促进企业的可持续发展（CGMA，2018）。

业财融合是业务部门和财务部门通过信息技术和方式实现业务、财务和信息方面数据的共享，以创造价值为基本目标做出规划、决策、控制和评价等管理活动，也就是企业实现业务和财务的融合。业财融合的实施使得企业财务人员的职能发生了深刻变化：第一，不同于传统财务工作的事后核算，业财融合是将财务管理延伸到了业务过程，对业务进行事前、事中和事后全面的监督和控制；第二，业财融合使得财务部门工作可以为决策层提供高质量的信息，从而提高决策的质量，确保企业在可控风险范围内顺利实现其战略目标。

通过与企业业务的有效融合，首先，财务人员能够全面及时地掌握企业销售业务、生产业务，以及采购业务等全面业务情况，为企业开展各种经营预测和决策等活动提供相关、实时、可靠的数据和信息，及时分析和发现企业经营中的各种问题，指导企业开展更为有效的业务活动，彻底改变财务部门和业务完全隔离的状态；其次，业务部门能够掌握各种业务活动消耗的资源和创造的价值，主动征求财务部门的建议，不断采取各种措施来对业务流程进行改进，从而提升业务活动的效果和效率；最后，业财融合能使得业务部门和财务部门建立共同目标，建立良好的沟通和合作关系，实现更好的业绩。

业财融合的实施是企业实现高质量发展的重要途径，具体表现为以下几个方面。

第一，提高决策质量。科学决策是企业在激烈竞争当中处于不败之地的关键，而及时准确的信息又是科学决策的前提条件。财务传统的角色是核算经济业务，即业务实际发生以后财务数据才会形成，然而在企业的经营决策过程中所需的信息是瞬息万变的。如果只提供历史数据，就会导致支持决策数据的严重滞后性，不能为决策提供有效的依据，也不能为企业创造价值。在业财融合下，财务管理可以延伸到业务过程，财务人员便会对业务有非常深刻的了解，财务工作的针对性就会显著增加，财务核算和预算的准确性会大大提升，对经营管理决策的支持力度也会增大，同时业财融合也丰富了管理会计的职能。财务部门必须改变以前和业务"隔离"的状态，主动寻求融合。企业决策的质量是管理的核心之一。要做出准确且有利于企业长远发展的决策，企业需要综合考虑信息、资源以及管理方式等方面的因素。业财融合的推进可以使财务部门及时准确地掌握企业经营过程中的各种成本、收益信息和财务风险信息，并对经营全过程进行有效评估和监控，提供给决策的信息质量会大大提高，财务的监控和支持决策的职能也得到最大限度的发挥，管理者可以科学高效地分配和使用企业的各种资源。

第二，提高经营效率和效果。预算的编制工作如果仅仅由财务部门完成，在预算执行时，便会出现相当多的问题，产生一些摩擦，如业务部门很难实现过高目标或资源分配不合理等。因此，业务部门和财务部门一起参加预算编制工作能够让目标合理化，员工的积极性也会被激发出来，摩擦也会减少,进而提高企业的效率。同时,企业有限的资源也会向能为企业创造价值的项目分配,将会为企业创造更多的价值,企业的经营效果和业绩也会得到提高。

第三,增加企业的凝聚力。业务和财务目标往往不一致,这会导致业务部门和财务部门在日常经营过程中产生摩擦,甚至是冲突。比如,销售人员为提升业绩但往往不太在意费用的节约,而财务人员从节约成本的角度会对业务人员的活动进行干预。又比如,市场部门时常会采用降价的策略来增加销量、扩大市场份额、打败竞争对手,达到巩固企业的竞争地位的目的,然而财务部门会认为价格应该高于成本,否则企业会发生亏损。这就可能会否定市场部门的提议,造成两个部门之间的矛盾,从而严重削弱企业的凝聚力。此外,目标的不一致也可能会导致业务和财务人员的内耗,使得企业的凝聚力大大降低。通过业财融合,可以让业务部门和财务部门的目标一致、认识统一,进而确保企业长期战略目标能够顺利实现。

第四,提高风险防控。业财融合的实施可以使得财务部门通过财务数据和经营数据,采用科学的方法对经营管理中可能的风险进行识别,然后与业务部门共同分析风险的成因,并向企业高层发出预警,从而让高层提前采取行动来应对潜在的风险。业财融合使得财务部门不再是事后总结风险,而是从事前、事中和事后识别及控制风险,这就确保企业风险管理水平能够得到很大提升。此外,财务管理向业务的延伸能提高会计信息的完整性和及时性,使企业在很大程度上防控风险。

2016年6月22日,财政部发布了《管理会计基本指引》,进一步明确"单位应用管理会计,应遵循融合性原则。管理会计应嵌入单位相关领域、层次、环节,以业务流程为基础,利用管理会计工具方法,将财务和业务等有机融合"。可见,业财融合是我国企业全面推进和加强管理会计建设的需要。

越来越多的我国企业为了提高经营决策的质量,已经或者正在考虑实施业财融合。然而,我国学者关于业财融合的科研工作还处于初始阶段,尚没有学者就国内外对已有业财融合的研究进行仔细的梳理和总结,也没有学者探讨促进业财成功实施的策略,以及测试业务财务的有机融合是否对企业业绩有显著的影响。

为此,本书试图弥补这一方面的研究空白,对2010年以来在国内外管理类期刊关于业财融合的相关研究进行全面的回顾和总结,并试图回答这几个方面的问题:我国企业里的业务和财务是否已经广泛地融合?业财融合实施过程中会遇到怎样的困难?影响企业成功实施业财融合的因素是什么?业务和财务的成功融合是否对企业业绩有促进的作用，以及如何在我国企业成功实施业财融合？

0.1.2 研究意义

从传统的"记账员"到"企业内部咨询师"，这是企业财务人员未来的发展趋势。不少企业的成功经验，如河北联通，已成功表明财务人员参与企业各种经营决策有助于企业提升决策质量，提高业绩水平，从而使得企业获得长期持久的竞争优势。然而，目前我国的相关研究还存在数量不多、研究内容不够全面、研究方法单一等问题，可见相关的研究亟待加强。

本书的理论意义在于帮助我国企业理解业财融合的内涵、树立业财融合的意识，指导企业开展业财融合的工作，从而全面提高企业财务管理水平、提高经济效益、加强财务控制和防范风险水平。此外，业财融合是促进管理会计工具成功实施的一个重要保障，本书希望为我国企业全面实施管理会计工具提供一定的借鉴价值，从而助力我国企业实现高质量发展。

本书的实践意义在于通过对现有关于影响管理会计工具/控制系统文献的梳理，归纳出了影响业财融合在我国企业成功实施的可能因素，并调查这些可能因素中哪些是影响我国企业成功实施业财融合的主要因素。本书的另一个重要意义在于系统研究我国企业业财问题、构建业财融合的指标体系，为今后我国学者研究业财融合提出颇有价值的参考。

0.2 研究目的和研究内容

0.2.1 研究目的

本书将重点探讨以下几个问题：业财融合是什么？业务和财务为什么要融合？业财融合在我国企业实施的总体情况如何？业财融合实施过程中会遇到怎样的困难？业务和财务的成功融合是否能够真正提升我国企业的业绩，包括财务业绩和非财务业绩？非财务业绩对业财融合的实施和财务业绩是否有中介作用？业务和财务应该怎么样融合？本书将试图在这些问题方面做出有意义的探索。

0.2.2 研究内容

为实现本书的研究目的，本书的研究内容主要包括以下几个方面。

第一，构建业财融合的基本指标体系。回答什么是业财融合，构建科学的指标体系显得尤为重要。目前国内外的研究虽然讨论了业财融合的必要性和重要性，然而并没有真正为业财融合构建过相关指标体系。我们将借鉴 GGMA（2018）和 GMAP（2016）对管理会计功能的定义从企业高层、企业业务和绩效管理层面构建业财融合的指标体系。

第二，调查业财融合在我国企业的实施现状。在构建业财融合指标体系的基础上，本书将广泛地调研业务和财务在我国企业中的融合情况，如业务部门与财务部门是否在企业的融资、投资并购、成本改造、风险控制和全面预算等 11 项决策实现了有机的融合。

第三，调查造成业财融合实施现状的原因。在广泛调研样本企业中业财融合的现状以后，我们也将调查造成业财融合现状的可能原因是什么，如企业高层是否对业财融合提供了强有力的支持、样本企业现有的绩效制度是否能够激励财务人员积极参与企业前端的业务决策、样本企业是否有相当数量的具备业财融合要求的员工，以及样本企业的现有信息技术是否能够支撑业财融合顺利进行等。

第四，调查影响业财融合成功实施的因素。为使业财融合能在我国企业成功实施，了解影响业财融合实施的因素尤为关键。然而国外不少研究表明，影响成功实施管理会计工具/控制系统的主要因素有企业高层的强有力支持、鼓励实施管理会计工具/控制系统的相关绩效、丰富的资源。本书也将从这几个方面入手，调查影响我国企业成功实施业财融合的关键因素，如企业高层是否为业财融合的实施提供了强有力的支持、企业是否为业财融合的实施制定了相应的绩效制度、企业是否具有丰富的资源尤其是人力资源等来实施业财融合，以及企业的信息技术是否符合业财融合的要求等。

第五，调查业财融合对企业业绩的影响。弄清企业为什么需要业财融合，调查业财融合对企业业绩的影响是一个重要内容。本书将在样本企业中测试业务财务一体化是否对企业业绩的提高，如财务业绩（利润、销售量和成本控制）、非财务业绩（员工业绩、内部流程业绩和市场业绩）是否有显著的影响、非财务业绩是否对财务业绩有显著且正向的影响，以及非财务业绩是否对业财融合和财务业绩有中介作用。

第六，回答业务和财务应该怎么样融合。通过调研的结论，本书将会对我国企业如何成功实施业财融合提出相关对策，如企业高层如何支持、绩效制度应该如何设计等。

0.3 研究思路和研究方法

0.3.1 研究思路

我们的研究共包括6个部分，具体的研究思路如下：

第一部分为绪论。其内容包括研究背景和研究意义、研究内容和研究目的、研究方法和研究思路、研究的创新点和局限性等。

第二部分为文献回顾与评述。其内容包括对国内外的相关研究进行梳理，如业财融合的概念、业财融合对企业提升管理水平的积极作用等。此外，我们也对现有研究从研究内容和研究方法上进行了评述，指出了现有研究的空白之处。

第三部分为本书的理论框架和假设的提出。本书假设的提出是基于现有的影响管理会计工具/控制系统成功实施的有关文献。本书提出了业财融合与相关影响因素，如企业高层的支持、相关绩效制度、资源因素、信息技术因素关系的假设。此外，我们还提出了企业业绩与业财融合关系的假设。

第四部分为本书的研究方法。内容主要包括变量的设计、问卷的设计、方法及回收，以及用什么方法测试第三部分提出的假设等。

第五部分为数据分析结果与讨论。其内容主要包括样本企业的简介、描述性统计结果、信度和效度的检验、载荷因子分析、研究变量间相关性检验、线性回归的测试，以及多重共线性检验的结果等。

第六部分为结论与建议。对研究结果做出了系统的总结，并对未来的研究方向做出了展望。

本书的研究思路如图0.1所示。

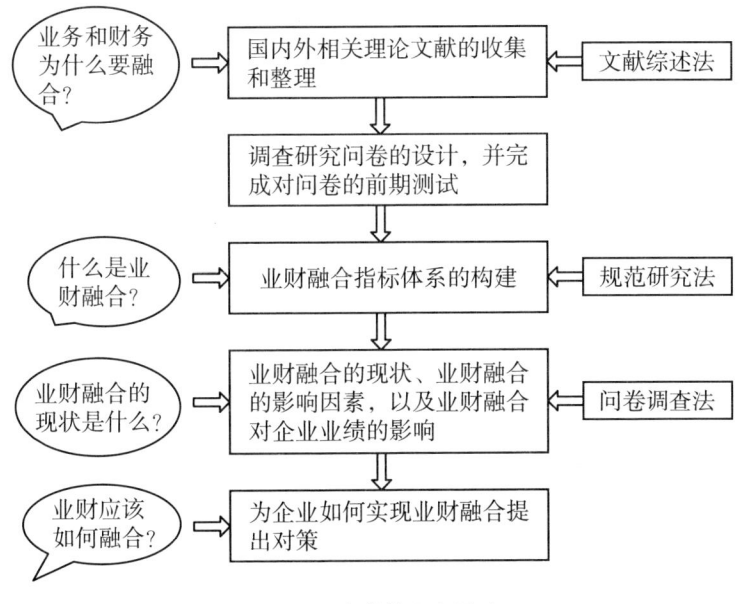

```
┌─────────────┐      ┌──────────────────┐      ┌──────────┐
│业务和财务     │ ───▶ │国内外相关理论文献的│ ◀─── │文献综述法 │
│为什么要融    │      │收集和整理         │      └──────────┘
│合?           │      └──────────────────┘
└─────────────┘               │
                              ▼
                    ┌──────────────────┐
                    │调查研究问卷的设计,│
                    │并完成对问卷的前期 │
                    │测试               │
                    └──────────────────┘
┌─────────────┐      ┌──────────────────┐      ┌──────────┐
│什么是业      │ ───▶ │业财融合指标体系的 │ ◀─── │规范研究法 │
│财融合?       │      │构建               │      └──────────┘
└─────────────┘      └──────────────────┘
                              │
┌─────────────┐      ┌──────────────────┐      ┌──────────┐
│业财融合的    │ ───▶ │业财融合的现状、业 │ ◀─── │问卷调查法 │
│现状是什么?   │      │财融合的影响因素, │      └──────────┘
└─────────────┘      │以及业财融合对企业 │
                    │业绩的影响         │
                    └──────────────────┘
┌─────────────┐      ┌──────────────────┐
│业财应该      │ ───▶ │为企业如何实现业财 │
│如何融合?     │      │融合提出对策       │
└─────────────┘      └──────────────────┘
```

图0.1 本书的研究思路

0.3.2 研究方法

本书的研究方法主要有以下几种:

第一,文献综述法。通过对国内外相关研究的梳理,总结业财融合的定义、企业实施业财融合的必要性、国内外研究的空白,从而明确本书的理论基础、研究内容和方法等,并为调查问卷的设计奠定基础。

第二,规范研究法。本书将为业财融合构建指标体系,这离不开规范的研究方法。此外,探讨我国企业如何成功实施业财融合,从而提高决策质量、提升管理水平等也需要规范的研究方法。

第三,问卷调查法。本书将根据管理会计工具/控制系统的相关理论设计调查并发放问卷。调查问卷的核心是本报告所涉及的主要概念的定义与量表设计,如业财融合实施、企业高层的支持、相关绩效制度、资源因素、信息技术因素,以及企业的财务业绩和非财务业绩等。

在变量构建的基础上,本书制作了微信版的问卷,并通过上海国家会计学院主办的"中国会计视野"网站进行推广,同时也向在上海国家会计学院接受培训的全国和各省市"会计人才领军班""省市优秀会计人才培训班""总会计师培训班"、EMBA、EMPACC等学员发放来获得相关数据,并运用结构方程模型SMART-PLS和SPSS进行分析,得出相关研究结论。

0.4 研究的创新点和局限性

0.4.1 本书的创新点

与已有的研究成果相比较，本书的创新之处包括以下两点：

第一，研究内容上的创新。目前国内外学者研究的主要内容为业财融合的必要性、如何成功实施业财融合等。然而，现有的研究并没有对业财融合给出一个明确的定义，这将无法判断我国企业业务和财务是否实现了融合，融合的程度怎么样等。本书试图在这一方面做出创新，首次从企业高层、业务层面、绩效管理三个方面，为业财融合构建相关指标体系，以便全面调研业财融合在我国企业实施的现状。目前国内外的学者对影响业财融合成功实施的主要因素的研究还是一片空白，业财融合对企业业绩的影响也局限于财务业绩，还没有研究测试业财融合对非财务业绩的影响，可见相关研究亟待加强。本书也将借鉴影响管理会计工具/控制系统成功实施的因素以调研影响我国企业实施业财融合的主要因素；同时本书首次调研了业财融合是否提升企业的全面业绩，包括财务和非财务、定量和定性，也首次测试了非财务业绩在业财融合实施与财务业绩关系中的中介作用。

第二，研究方法上的创新。目前，国内学者对业财融合的研究主要是以规范研究和案例研究为主，采用问卷调研法进行研究的还很少，大样本的问卷调查则更少。本书试图填补这一空白，首次运用 SPSS 22 调研我国企业实施业财融合的现状和具体成因。此外，本书还将首次应用 Smart-PLS 对影响我国企业业财融合实施的主要因素、业财融合对企业业绩的影响进行深入研究。

0.4.2 本书的局限性

本书主要有以下三个局限性：

第一，问卷回收率不高。本书最终进行数据分析的问卷仅有 226 份，样本量还需进一步扩大。为了进一步探究影响业财融合的因素，我们建议未来的研究也可以采取其他的研究方法，如实地研究法、案例分析法等来作为问卷调查法的必要补充。

第二，业财融合的指标体系还不够全面。本书仅仅从管理会计基本职能的角度为业财融合设置了指标，然而业财融合在实务中有许多的表现形式，如刘岳华（2013）强调业财融合是实体流、资金流和信息流等一体化。因此，我们建议未来研究可以从不同的角度为业财融合设计指标体系，以便更好地调查业财融合在我国企业实施的程度。

第三，调查问卷的发放对象受限。由于在上海国家会计学院参加培训的大多数学员来自财务岗位，非财务岗位在本研究的受访对象中仅占 6.2%。因此，我们建议未来的研究可以将非财务人员纳入调研对象，从他们的角度来探究我国企业业财融合的现状及其影响因素。

0.5 相关变量的定义

0.5.1 业财融合

截至目前，鲜有研究对业财融合给出了明确的定义。业财融合也称业务和财务一体化，是指业务和财务的有机融合，具体是指业务部门和财务部门通过先进的技术和手段达到数据流、资金流、信息流等数据源的实时共享，并以创造价值为具体目标，合作做出关于计划、控制、协调和评价等方面的决策。业财融合也被定义为财务部门通过提高决策质量，如融资决策、成本管理决策和定价决策等来为企业创造价值（Flanagan 和 Grant，2013）。CGMA（2018）将业财融合定义为将会计准则和业务的理解结合起来，并提供分析或见解，为决策和业绩管理提供相关信息，改善价值创造，以利于企业的利益关系人。为了对主要的研究变量设置比较准确的指标，我们需要对相关研究变量下一个准确的定义（Churchill，1979）。

现有的研究认为，管理会计人员应该积极参与到企业各种决策的制定当中（Burns 和 Baldvinsdottir，2005；Jarvenpaa，2007）。此外，Graham 等（2012）声称财务部门应该是企业的内部咨询人员（Internal Consultant）对企业其他部门的各种决策提供支持。CGMA（2018）也认为，财务人员应当在企业高层（如战略目标）、业务层面（如全面预算、投资并购），以及业绩管理方面的决策（如经营过程管理）提供支持。全球管理会计准则（Global Management Accounting Principles，GMAP）（2016）总结了管理会计的主要功能主要有成本管理、项目管理等。因此，在 CGMA（2018）和 GMAP（2016）的基础上，我们将业财融合定义为财务部门参与到企业各种各样的决策当中，如定价、成本管理、项目管理、预算管理、业绩管理、融资、投资并购、战略性税收管理、经营过程管理、战略目标和风险管理等。

0.5.2 企业业绩

对于企业业绩，现有研究的定义为利润边际（Zoni 和 Merchant，2007）和过程提升（Hooze 和 Ngo，2017）。然而，他们对业绩的定义并不全面，仅仅包括业绩的某一方面（财务业绩或非财务业绩）。相比之下，本书提出对业绩的指标应该全面，不能只包括财务业绩和非财务业绩、定量的业绩和定性的业绩。与 Mia，Clarke（1999）和 Zhang 等（2017）一致，本书将企业业绩的定义为企业实现目标业绩的程度，如成本、销售量、市场份额和新客户等。

0.6 本章小结

在本章中，我们首先介绍了业财融合的必要性，即业务和财务的融合是企业提高经营决策质量、实现高质量发展和提升企业业绩的需要；其次介绍了本书的研究目的和研究内容，即调研业财融合在我国实施的现状、造成业财融合实施程度现状的可能原因、影响业财融合程度的主要因素、业财融合对企业业绩（包括财务业绩和非财务业绩）的影响，以及非财务业绩的中介作用；然后介绍了本书的主要研究方法，即问卷调查法；接着介绍了本书的创新点，如内容上的创新和方法上的创新；最后介绍了本书相关变量的定义，如业财融合和企业业绩。

1 文献回顾与评述

本章对国内外的相关研究从研究内容和研究方法上进行了梳理,并在此基础上对现有研究做出了评述。

1.1 国内相关研究

1.1.1 数据收集与期刊分布

为了对关于我国业财融合问题的研究有一个总体的了解,本书对国内外的相关研究进行了系统的归纳和整理。对于国内的研究,本书以 2010 年以前收录的 CSSCI 来源期刊、CSSCI 扩展期刊和北大中文核心,如《管理世界》《南开管理评论》《会计研究》《财务与会计》《会计之友》《财会月刊》等经管类期刊为目标,以 2010 年到 2020 年作为时间跨度,以"业财融合""业务财务一体化""业务财务融合""企业业绩""影响因素"的组合作为关键字进行搜索,总共找到相关文章 88 篇,具体情况见表 1.1。

表 1.1 国内相关研究文章年度发表数量的统计

年份	2010—2014 年	2014 年	2015 年	2016 年	2017 年	2018 年	2019 年	2020 年
数量(篇)	12	5	4	8	9	17	31	2

国内学者在 2011 年已经开始了相关研究。从 2010—2015 年仅有 21 篇文章发表,但在 2016 年财政部的《管理会计基本指引》发布后,相关的研究明显增多,从 2016 年到 2020 年共有 67 篇文章发表。研究数量也是呈每年递增的趋势,其中 2019 年就有 31 篇文章发表。这充分说明业财融合在我国正越来越受到实务界和学术界的重视。

表 1.2 归纳了国内发表业财融合的期刊和数量。发表相关文章最多的是偏

重于实务的《财务与会计》（30篇），其次为会计类北大中文核心期刊《财会月刊》（15篇）、《会计之友》（13篇）、《财会通讯》（10篇）和《中国注册会计师》（7篇）。从期刊的收录情况来看，CSSCI来源期刊仅有2篇文章发表（《会计研究》和《经济体制改革》），北大中文核心期刊共收录87篇论文。可见，我国学者对业财融合的研究还存在实务研究偏多而理论研究偏少的特点。

表 1.2　国内期刊分布和数量

期刊名	文献量（篇）	期刊名	文献量（篇）
《会计研究》	1	《华东电力》	2
《财务与会计》	30	《青年记者》	1
《会计之友》	13	《金融发展研究》	1
《财会通讯》	10	《经济体制改革》	1
《财会月刊》	15	《南开管理评论》	0
《中国卫生经济》	6	《管理工程学报》	0
《中国注册会计师》	7	《经济研究》	0
《中国金融》	1	《管理世界》	0

1.1.2　研究内容

本书对现有国内学者关于业财融合的研究进行了认真的梳理，得到的结论为目前关注业财融合的研究在数量上还非常少，内容方面还不够全面。现有研究内容主要集中在业财融合的必要性、业财融合面临的困难、完善业财融合的建议，以及构建业财融合的框架等方面。

1.1.2.1　业财融合的必要性

业财融合是实现企业价值最大化的一个有效途径，在企业中发挥着越来越重要的作用，尤其是在企业面临激烈的竞争，经营方式和环境发生巨大变化的今天（王学㻽等，2016）。现有的研究总结了业财融合的必要性，包括为企业战略决策提供强有力的支持、增强企业的执行力、加强对企业文化的认同、提高企业管理水平、提高企业风险防控能力、提高会计信息质量等。

第一，为企业战略决策提供强有力的支持。企业决策的质量很大程度取决于会计信息质量，决策者只有及时获取高质量的财务信息，才能提高决策成功的可能性。王学㻽等（2016）指出，企业有效的战略决策离不开准确的财务数据，业财融合能使提供给管理层决策的数据的准确性大大增加，这也使得决策成功的可能性大大提高。

第二，增强企业的执行力。企业执行力的强弱在很大程度上取决于各部门之间是否有良好的沟通渠道、是否能够有效的合作。业财融合可以使业务部门和财务部门形成良好的交流渠道，从而减少不必要的冲突，执行企业高层制定的各种战略，政策的力度也会显著增强（王学燥等，2016）。陈虎和孙苗（2010）表示业财高度融合能使业务和财务形成一种新型的伙伴关系，它能推动企业高层制定的战略在基层顺利地执行，也能及时对企业在经营过程中遇到的种种困难提供反馈意见，进而增强了企业的执行力。

第三，加强对企业文化的认同。王学燥等（2016）强调，业务和财务的高度融合，有助于员工加强对企业核心文化的认同，也可以加强财务对业务活动的指导工作，将一些核心价值融入业务活动中，如效率、效益和效果等，从而极大地丰富了业务活动的内容。

第四，提高企业管理水平。在激烈的竞争环境中求生存和发展，企业必须不断地提高其经营管理水平，管理水平可以决定企业的高度和长远发展方向。在财政部《关于全面推进管理会计体系建设的指导意见》中强调，企业应该积极应用管理会计工具来提升管理水平，可见提高管理水平也成为企业亟待解决的一个问题。提高管理水平的一个途径便是业财融合。李闻一等（2015）对中国石油湖北分公司的调研后得出，业务和财务一体化使得业务部门和财务部门协同管理公司日常经营活动的管理能力得到进一步增强。在业务和财务一体化下，业务部门和财务部门共同监控企业的各种项目，如大型投资和维修项目，并共同监督这些项目的实施情况，如进度状态、付款状态等，从而使得企业对这些项目的管理能力得到较大的提升。华为公司的成功经验也充分说明业财融合能够为业务部门提供更加准确的数据，从而提升财务管理水平（陈月和马影，2019）。

第五，提高企业风险防控能力。随着外部环境和内部运营方式的变化，企业在日常经营当中必然会遇到各种风险，风险对企业的生存和发展也产生越来越大的影响，企业对风险的防控能力就显得尤为关键。何婷和熊力（2011）指出，供应商风险管理是企业控制风险的一个重要环节，业财融合是其中一个关键途径。何婷和熊力（2011）同时强调，业财融合对供应商风险防范的积极性在于增加财务人员与采购人员的沟通渠道，增加采购人员对财务信息的掌握程度，有效评估供应商风险，进而实现企业资源有效的组合。业财融合的实施可以改变企业财务人员只重视财务信息而不重视其他业务数据的现状，如生产能力、生产效率等，也可以确保财务人员和业务人员手中的信息保持高度一致，最终使得企业决策所需要的信息及时地获得。束青（2014）强调，业务和财务的有效融合，可以提高财务信息的及时性，减少经营管理环节中的隐患，降低各种风险，充分发挥财务服务、监督和支持决策的作用等。

第六，提高会计信息质量。财务工作的一个主要职能便是记录企业业务活动，如果会计信息不能准确反映业务活动，企业的经营决策质量也会大大受到影响。张毓婷（2012）强调在业财融合的条件下，业务数据可以和财务数据最大限度地实现共享，即业务数据可以直接传给财务系统，减少中间环节，使得财务数据能更有效地反映业务的真实情况，也使得会计信息质量上了一个台阶。李闻一（2015）通过对中国石油湖北分公司实施业财融合成功案例研究得出的结论是，业财融合能使会计信息质量得到明显提高。

我国学者虽然探讨了业财融合的必要性，然而这些研究主要是以理论阐述为主，缺乏必要的实证和大样本量的调研，也缺乏必要的数据作为佐证，这导致业财融合给企业带来的各种优势的说服力较弱。

1.1.2.2 实施业财融合面临的困难

由于我国企业实施业财融合时间还不长，所以在实施过程中会遇到种种困难。现有的研究总结了我国企业在实施业财融合中面临的主要困难有以下几个方面：

第一，业务部门和财务部门的目标不一致。财务活动具有全局性和系统性的特点，然而业务活动仅仅局限于自己的部门，缺乏对全局的考虑，这会导致财务与业务活动不可避免地发生冲突（束青，2014）。束青（2014）以"应付职工薪酬"的会计科目为例指出，某些企业业务部门有时为激励员工，将一部分业务经费作为奖金发给员工，这明显违背了财务制度，造成了业务部门与财务部门的摩擦。

刘岳华等（2013）指出，业财融合要求企业改进制度设计和员工观念的更新，不能只顾自己部门的利益，而是要着眼于整个企业的利益。然而由于各部门有不同的目标，造成了一些员工对业财融合推进工作的抵触，最终导致业财融合无法顺利实施。易宜红（2013）指出，当前企业实际经营活动中，业务部门"开源增量"的目标与财务部门"节流增值"的目标存在较大的冲突，直接影响了业财融合的推进工作。束青（2014）指出，导致企业业财融合不成功的原因之一是业务与财务的规范不同。目前我国企业业务和财务缺乏一套统一的标准，出现了重大交易事项易混淆的情况，如不能准确划分资本性支出和收益性支出等，将大大增加企业税务风险。王学瓅等（2016）指出，业务部门和财务部门目标不一致的主要原因来自工作目标和工作思路上的不一致，具体来说，财务活动受到许多准则的限制，如企业会计准则、企业内部控制制度等，而业务活动就没有这方面的限制，然而由于制度还不够完善，导致某些业务活动无法受到财务的监督和管理。另外，由于受到制度的影响，对于有些业务活动，财务部门会设置烦琐的程序，这导致业务部门耗费了不必要的时间和资源，最终影响了企业的经营效率。束青（2014）指出，业务人员由于专业背景的关系，缺乏必要的风险意识，在开展业务时只顾及自己部门的效益而完全不考虑风险控制问题。因此，财务人员必须参与到业务策划活动中，只有这样才能既增加企业的效益，又避免各种各样的风险。

第二，业务部门对业财融合缺乏热情。业财融合的成果主要体现在财务管理价值的提升上，对业务部门的贡献的体现并不十分明显，因此造成业务部门参与业财融合的积极性大受影响（易宜红，2013）。此外，现有的研究还发现，由于业财融合的实施会改变管理人员的工作方式，暴露以前工作方式的种种弊端，因此企业的某些人员可能会对业财融合的实施提出反对意见（易宜红，2013；刘岳华，2016）。

第三，财务人员能力不够。业财融合对企业的财务人员提出了新的要求和新的挑战。实施业财融合不仅要求财务人员需要有过硬的财务知识，也需要其他综合知识、环境适应能力和团队合作能力（陈虎和孙苗，2010；何瑛和彭亚男，2014）。在业财融合的背景下，传统的会计核算工作正在逐步消失，取而代之的是对企业业务深入分析能力和对企业经营全貌的把控能力，可见业财融合的成功实施对财务人员的素质提出了更高、更严格的要求。

第四，缺乏相关的绩效制度。国内的研究还表明，企业大多缺乏专门针对业财融合的激励制度，这将严重影响员工参与业财融合的积极性。易宜红（2013）指出，由于没有相应的激励制度，业务人员担心新的工作环境会影响其今后的发展，常常会拒绝去财务部交流的机会。王学瓅等（2016）强调，企业的考核制度主要以财务方面为主，缺乏考核非财务和针对业务活动的指标，这导致企业绩效评价不能反映业务，进一步造成了业务人员对业财融合实施的抵触情绪。

第五，缺乏必要的系统支持。在大多数企业中，业务数据不能通过系统自动生成财务数据，难以形成有效的财务管理体系，如事前预算、事中把控和事后复核等（易宜红，2013）。此外，由于缺乏必要的系统支持，造成了业务和财务数据口径不统一，业务部门无法认可财务部门提供的支撑数据，财务部门也无法有效地参与到业务活动中去，最终导致业财融合无法成功实施（易宜红，2013）。

第六，信息传导不及时。成功实施业财融合需要业务部门和财务部门实现数据共享，即信息需在这两个部门及时传递。然而，目前在我国的一些企业只有在业务活动涉及资金支付需求时，业务部门才会通知财务部门，甚至在有些时候，财务部门对业务部门的情况完全不知情，这就造成了业务信息的严重脱节（束青，2014）。郭永清（2017）认为，由于财务信息没有很好地与业务信息实现共享，导致财务不能及时获取业务数据，这使得业务部门和财务部门无法做到较好的融合。

这些研究虽然总结了业财融合在实施过程中可能出现的问题，但是依然停留在理论探讨层面，缺乏大样本量的调研，导致以上六点造成业财融合实施困难的原因很难具有代表性。

1.1.2.3 完善业财融合的建议

现有研究提出的完善业财融合的主要途径有以下几种。

第一，财务人员提前介入前端业务。易宜红（2013）以中国移动为例，指出财务部门对企业的重大决策，如新产品推出、套餐设计等必须提前介入，必须在事前对方案进行财务分析，这样可以使决策成功的可能性大大增加。束青（2014）提出，业财融合不成功的一个重要原因是财务人员介入业务的时间往往在业务发生之后，因此财务人员应该主动介入企业业务，及时提出资金投入、税收规划、风险防控等方面的建议，这样企业的成本可以大大地降低，经营风险也可以降低到可接受的水平。

第二，实施全面预算管理。束青（2014）认为，全面预算是业财融合实施的一个重要切入点，其顺利地实施可以让业务与财务达到深度的融合。全面预算包括一个企业生产和经营的所有方面，如生产过程、采购过程和销售过程等。成功的全面预算往往是在预算制定过程中，财务部门牵头，其他部门如销售部门、生产部门和物流部门等参与（束青，2014）。王学瓅等（2016）也表达了类似的观点：业财融合的实施需要企业从采购、销售、生产和绩效考核等环节找到业务活动和财务活动的切入点，由此制定财务部门的重点工作。

第三，加强相关人才的培养。易宜红（2013）提出，企业需要实施"引进来、走出去"的方针，即财务人员必须要向业务部门渗透，企业在业务部门派遣财务人员，通过人员和工作的融合，业务部门会渐渐认同财务部门的工作，使业财融合的思想深入业务部门。此外，企业需要在财务部门引进相应的技术人才，弥补财务人员不懂业务的不足，在企业内培养出"业务财务人"。何瑛等（2014）强调，业财融合对财务人员提出了更高的要求，在业财融合下，不仅需要财务人员有较强的财务专业知识，也需要具备较强分析业务的能力、沟通能力和协调能力，因此，企业必须要加强对财务人员的相关培训，为业财融合的成功实施储备人才。

第四，加强信息系统建设。信息系统对业财融合的建设具有非常关键的作用，因此一个企业要想成功实施业财融合，必须加强信息系统的建设。易宜红（2013）指出，业财融合的成功实施离不开一套科学的系统支持。企业必须在业务和财务之间建立有效的信息传导机制，即业务数据能够自动生成财务数据，财务数据也能够自动追溯到业务数据，从而实现业务数据和财务数据的全面共享，为业财融合的成功实施提供强有力的系统支持。束青（2014）认为，一套完整、科学的信息化系统能促进业务与财务的无缝连接，从而大大提高业财融合实施的成功率。我国学者认为，促进业财融合成功实施的信息系统目前主要有 XBRL、ERP 软件和财务云服务。李闻一（2015）提出，XBRL 的应用可以大幅度地提升决策质量、风险控制的有效性和资源的科学合理配置，进而使得业财融合成功实施的概率大大增加。宁云才和苏士勇（2009）指出，业务和财务之间沟通的主要障碍是信息孤岛，即信息不能在业务部门和财务部门之间共享，这些信息孤岛是阻碍业财融合成功实施的重要原因，因此在 ERP 软件设计中必须解决这一个突出的问题，全力为企业提供一个全面、完整的信息系统。何瑛和彭亚男（2014）强调，财务云服务的实现可以提高数据处理的效率，使得财务人员从烦琐的基础工作中解放出来，有更多的时间和精力去参与前端业务，为企业的经营决策提供更强有力的支持。

第五，加强相关绩效制度建设。一套科学有效的绩效制度是业财融合成功实施的重要保障。易宜红（2013）强调，为促进业财融合成功实施，企业需要建立一套激励制度，尤其是对业财人员进行岗位轮换给予一定的物质奖励等。

1.1.2.4　业财融合对企业业绩的影响

本书通过对现有研究的梳理发现，国内学者关于业财融合对企业业绩影响的研究几乎没有，仅有李闻一等（2015）的研究。李闻一（2015）在对中国石油湖北分公司的研究中指出，业财融合全面提升了企业高层决策支持能力，有效降低了各类经营风险，明显提高了会计信息质量。然而，他们的研究并没有对如何衡量决策能力的提升、降低经营风险和提升会计信息质量提出相对应的标准。可见，探讨业财融合对企业业绩的研究还很少，这方面的研究还需加强。

另外，我国学者在探讨业财融合对企业业绩影响时还没有为绩效构建相关的指标体系，导致不能全面调研业财融合是否对企业业绩的提升有显著的影响，可见相关研究亟待加强。我们认为，业财融合对企业业绩的影响是方方面面的,因此,业绩指标不仅应该包括财务方面的,也需要包括非财务方面的。

1.1.2.5 构建业财融合的框架

关于如何构建业财融合框架的研究还很少,其代表性研究是宁云才和苏士勇的研究。宁云才和苏士勇(2009)提出,业财融合的构建需要业务部门和财务部门在基础数据、凭证、工作流程和系统运行上实现一体化。宁云才和苏士勇(2009)进一步指出,基础数据一体化是指业务数据和财务数据需要实现共享,一定要避免各自为政的不利情况;凭证一体化是业务和财务可以共用一套凭证,进而使得企业所有的业务活动能够被准确地记录;工作流程一体化不仅仅是某一个部门的业务和财务工作实现一体化,而是实现跨部门之间一体化;系统运行一体化需要消除信息孤岛,使同一个数据能够同时在业务和财务板块上同时传导等。

然而,由于没有具体的案例,宁云才和苏士勇的研究并没有对如何实现财务和业务一体化提出具体的建议,也无法验证这些措施是否能在企业里成功实施。

1.1.2.6 业财融合与高等教育

梁勇和干胜道(2018)为业财融合在高校里的应用设置了相关的模式,并为其在高校中的推广提出了建议。此外,章维(2019)的研究指出,业财融合的实施可以为高等教育实施提供重要保障,如提升高校财务管理的水平、优化财务人员队伍等。

然而,我国学者并没有为业财融合实施相关指标体系,这就造成了业财融合很难在高等教育机构得到推广,可见,为业财融合构建一套指标体系显得尤为重要。

1.1.3 研究方法

本书经过对现有国内研究总结发现,现有国内对业财融合研究的主要方法有案例研究法(58篇)、规范研究法(28篇)和调查研究法(2篇),见表1.3。

表1.3 国内相关研究的主要方法

研究方法	国内研究文献数(篇)
调查研究法	2
档案研究法	0
分析性模型研究法	0

续表2.3

研究方法	国内研究文献数（篇）
案例法	58
规范研究法	28
以公开数据库为基础的实证研究法	0

国内的调查研究非常少，仅有 2 篇，分别为刘岳华（2013）和郭永清（2017）的研究。其中，刘岳华（2013）采用整体问卷调查法和岗位问卷调查法对江苏电力公司进行调研，其调查的主要内容为对业财融合的认识、对业财融合趋势的看法、业财融合对财务职能新的要求。他们的调查结果显示，业财融合的主要是指财务管理、物流管理上的融合；业财融合主要趋势是财务核算集中、资金管理集中等；对财务职能的影响主要为要求财务人员对企业经营分析能力提高、参与企业风险管理和协助企业制定各种战略等。我们认为，过少的调查研究将使国内学者很难了解到业财融合在我国企业实施的现状、业财融合在实施过程中遇到的各种困难，以及业财融合的实施对企业各方面的影响等问题。

1.2 国外相关研究

1.2.1 数据收集与期刊分布

对于国外的相关研究部分，本书以 SSCI、SCI 和 Scopus 收录的期刊为目标期刊，以"finance business partner""change/shift the role of finance/management accountants"为关键词，以 1990—2019 年的时间跨度进行搜索。结果显示，国外学者总共发表相关文章 12 篇，具体分布情况见表 1.4。同时显示发表在国外学者的研究开始于 1999 年，然而这些研究并没有明确提出业财融合的概念，更多提出的是"管理会计人员职能的变化"（Change in the role of management accountants）。

表 1.4 国外业财融合文献统计

期刊名	文献量	期刊名	文献量
Management Accounting Research	2	*Accounting，Organization and Society*	1

续表2.4

期刊名	文献量	期刊名	文献量
British Accounting Review	1	*Journal of Applied Accounting Research*	2
European Accounting Review	5	*Journal of Accounting & Organizational Change*	1

总的来说，国外学者对业财融合的研究比国内学者开始得较早，但在数量上却少于国内学者。从表1.4可以看出，收录相关文章最多的期刊是*European Accounting Review*（5篇），其次为*Management Accounting Research*（2篇）和*Journal of Applied Accounting Research*（2篇）。

1.2.2 研究内容

国外学者对业财融合的主要研究内容如下。

1.2.2.1 财务人员职能的改变

国外不少学者认为管理会计职能需要改变，需要完成从"数豆人"（Bean counter）到"业务伙伴"（Business partner）（Robinson，1999；Pierce和O'Dea，2003；Lambert和Pezet，2010；Lambert和Sponem，2011；Graham等，2012；Goretzki等，2013）的转变。Friedman和Lyne（1997）将"数豆人"定义为会计人员编制财务信息的工作，这项工作对企业运行的支持很小。也有学者提出了管理会计人员转型的原因，如Burns等（2005）认为市场环境的变化、企业组织结构的重建、企业业务复杂程度的增加、管理技术的革新都是财务人员职能发生变化的主要原因。Lambert和Pezet（2010）也强调财务人员需要成为企业的真正知识的创造者（Producer of truthful knowledge）。

Burrrows（2019）强调了首席财务室（Chief Financial Officer，CFO）在企业里的重要角色。他指出，首席执行官（Chief Executive Officer，CEO）和企业里的其他部门需要财务部门积极提供财务和非财务信息在企业战略的制定、预算等决策中提供强有力的支持。CFO的角色正从传统的"记录交易""收集和报告财务活动""控制"转变为"战略计划""预算""分析业务活动""业绩评价"。CFO和财务部门正向"业务伙伴"转型。

埃森哲Accenture（2018）也对企业里CFO的角色和他们对企业的影响进行了调研。该研究对世界范围700名内来自不同级别的财务人员和200名即将从事财务工作的人员进行了在线问卷调查。研究结果显示，20年内，财务部门和CFO在企业里的决策发生了显著的变化，CFO将会为财务人员创造更有意义和影响力的角色,如引领企业的数字化转型,以及确保各自企业在多变市场环境中的转型。

1.2.2.2 实施业财融合的难点

第一,财务人员的能力有待提高。Cullen(2007)在对英国 27 家企业实施业财融合的现状进行调研后指出,导致许多企业实施业财融合不成功的一个因素是缺乏具备相关能力的财务人员。

第二,缺乏支持业财融合实施的绩效制度。国外学者的研究表明,企业大多缺乏专门针对业财融合的激励制度,这将严重影响员工参与业财融合的积极性。Cullen(2007)在英国的调研也表明,很多企业缺乏一套激励制度来平衡业务部门和财务部门目标不一致的难题,如业务部门为提高企业的冒险行动和财务部门为保护企业资产安全稳健的措施。

1.2.2.3 完善业财融合的建议

第一,实施管理会计工具。国外的研究表明,管理会计工具/控制系统的引入是业财融合成功实施的重要途径。Friedman 和 Lyne(1997)在对英国某企业的研究表明,作业成本法的引入大大增加了会计信息的准确性,使得财务人员和业务人员的关系变得更加融洽。该企业在作业成本法实施前,业务部门普遍认为财务部门不仅不懂业务,而且还会对很多商业计划提出否定意见,财务部门和业务部门的关系非常疏远甚至对立。引入作业成本法以后,财务人员经常会和业务部门交流合作,这样财务人员对企业业务流程有了深刻的了解,提供了更准确的数据来支持企业的经营决策。此外,作业成本法的实施也使得业务部门在决策中乐意征求财务部门的建议,业务部门也不再认为财务部门是一个开展业务的障碍。

第二,构建必要的信息系统。国外的不少学者认为,业财融合的实施离不开一套先进的信息系统。Granlund 和 Malmi(2002)认为信息系统,如 ERP 的应用能够为财务人员参与企业前端决策提供机遇。Scapens 和 Yazayeri(2003)认为,ERP 的引入不是财务人员职能转变的驱动器,但是 ERP 的应用为财务人员职能向前端业务的延伸提供了极大的可能性。

1.2.2.4 业财融合对企业业绩的影响

Indjejikian 和 Matejka(2006)认为,财务人员参与决策会降低企业的决策,甚至会出现组织松弛现象(Organizational slack)。Zoni 等(2007)对意大利 17 家大型企业的研究表明,财务人员会积极参与企业的战略决策和经营决策的企业比没有参与的企业有更好的财务业绩。因此,他们建议企业高层应该给予财务人员更多的权利让其参与到各种决策的制定过程中。

Hooze 和 Ngo（2017）对比利时 170 家企业的研究显示，财务人员参与企业的成本管理系统设置的决策能够对企业的流程管理产生积极的作用。与国内的研究相比，国外学者应用了调查研究法，然而，这些研究对业绩的衡量并不全面，仅仅包括了财务指标或者非财务指标，这就无法深入研究业财融合对企业业绩的影响。

1.2.3　研究方法

表 1.5 归纳了国外相关研究主要的方法。

表 1.5　国外相关研究的主要方法

研究方法	国外研究文献数（篇）
调查研究法	1
档案研究法	0
分析性模型研究法	1
案例研究法	10
规范研究法	0
以公开数据库为基础的实证研究法	0

国外的研究主要是以案例研究法为主，调查研究法和分析性模型研究法仅有两篇，分别为 Zoni 和 Merchant（2007）对财务经理参与企业决策对企业业绩的影响和 Hooze（2007）对财务经理参与成本管理决策对企业经营过程有无显著影响的研究。

1.3　研究述评

上述研究为我国学者进一步研究业财融合提供了一定的文献参考，遗憾的是，它们在研究方法和研究内容方面存在着许多的不足之处，需要未来进一步改善。

第一，在研究方法和数量方面，现有的研究数量还很少，并且研究方法还比较单一。现有的研究方法主要是案例研究法和规范研究法，调查研究法和实证研究法还不多。现有的案例研究法的研究对象仅仅为某一个特定的企业，这就导致其研究结论不能被其他类型的企业采用。可见，为提高研究的应用价值，调查研究法和实证研究法等研究方法还急需在数量上有所增加，其调查范围也需要进一步扩大。

第二，在研究内容上还不够全面。目前，国内外学者对业财融合的内涵和外延还没有形成一个统一的标准。现有的研究大都强调了业财融合的重要性和必要性，但是并没有回答关键问题，如业财融合的标准到底是什么，业财融合在实务上具体有什么体现，以及业财融合程度应该如何衡量等。这就让企业在实施业财融合时既无参照标准又缺乏针对性，从而增加企业实施业财融合的盲目性，必然会使业财融合的效果受到较大影响。上述问题都有待于更进一步的研究。

第三，关于业财融合在我国企业的实施现状的研究几乎没有。由于目前的研究未对业财融合提出统一的衡量标准，这使得我国学者无法对我国企业实施业财融合的情况进行广泛调查，因而无法了解我国业财融合是否在我国广泛地实施，在哪些方面实施，如在企业制定战略规划过程、预算制定过程、日常经营管理过程、绩效考核指标设定过程中，业务和财务是否融合在一起为企业提供相应的决策等。这些都是值得深入讨论的议题。

第四，关于影响业财融合成功实施因素的研究还是一片空白。成功实施业财融合需要企业管理层充分了解影响其成功的因素，现有的研究虽然提出了业财融合在实施工作中可能会遇到的困难，但对影响业财融合在我国企业成功实施的主要因素几乎没有关注，这就直接导致我国企业无法有针对性地实施业财融合。可见，探索影响业财融合成功实施的主要因素将是本书需要解决的问题。

第五，关于实施业财融合对企业业绩影响的研究还有较大局限性。实施业财融合的最终目标是全面提高企业业绩，但是现有的研究对财务人员参与企业经营决策对企业业绩影响的研究结论是矛盾的，如 Zoni 和 Merchant（2007）的研究表明财务人员参与企业的决策制定能够提升企业业绩，然而 Indjejikian 和 Matejka（2006）的研究却发现财务人员参与决策的制定反而降低了企业业绩，原因是组织松弛的影响。这个矛盾的研究结论不能够回答这些关键问题，如业财融合到底能不能提升企业的财务业绩；业财融合是否能够提升企业的非财务业绩，如内部流程业绩、员工业绩等。我们认为，研究业财融合与企业业绩之间的联系，对企业提升业绩水平和管理水平具有重要的作用。

第六，目前研究对业绩指标的构建上还不全面，如李闻一（2015）将业绩定义为会计信息质量的提升、经营风险的降低和决策质量的提高等。Zoni 和 Merchant（2007）以及 Kuye 和 Sulaimon（2011）对企业业绩构建的指标体系为利润、销售量和成本控制等。但本书认为这些指标并不全面，不能完整地反映企业业绩，因而无法全面验证实施业财融合后的实际效果。Mia 和 Clarke（1999）曾提出，完整的绩效考核指标应包括定量和定性的指标、财务和非财务的指标，以及资源投入和投入产出的指标等。因此，调查业财融合对企业绩效是否有显著的影响，即实施业财融合较为成功的企业是否比实施不成功的企业是否有更好的业绩也是未来研究急需解决的一个课题。

第七，实证研究的样本量还不够充分。为了调查业务和财务在我国实施的具体问题，必须开展广泛的调研，即调查数量较多、类型不同的企业。然而，目前的实证研究仅仅有 Cullen（2007）在英国 27 家企业进行研究和刘岳华（2013）在江苏省电力公司的调查分析。样本的数量远远不够，使得现有的实证研究还无法得出全面的、能够反映我国企业实施业财融合现状的结论。本书认为，客观地掌握业财融合的相关问题，必须在我国多个行业、多个地区和多种企业类型中充分采集样本。

1.4 本章小结

本章从研究方法和研究内容上对国内外的相关研究进行了详细的梳理。本章首先归纳了数据和期刊的来源，接着在研究方法和研究内容上对现有的研究进行了归类。结论如下：

第一，我国学者在偏重实务的期刊《财务与会计》发表的成果较多，而其他 CSSCI 来源期刊，如《管理世界》《会计研究》《中国工业经济》等收录的文章还过少，可见关于业财融合理论框架方面的文章还需要进一步加强。

第二，在研究方法上还比较单一。国内外的研究主要以案例研究法为主，以问卷为基础的调查研究法相对较少。我们认为，问卷调查法是了解业财融合在我国企业实施现状和业财融合对企业业绩影响的最有效的研究方法。

第二，关于我国企业业财融合现状的研究、业财融合对企业业绩的影响，以及影响我国企业成功实施业财融合的关键因素的研究在数量上还很少，可见这方面的研究还亟待加强。

第三，现有研究鲜有对我国企业实施财融合进行广泛调研，因此关于在多个行业、多个地区和多种企业类型的大样本量的研究也需要进一步加强。

2 理论框架和假设的提出

本书的主要研究目的是调研影响业财融合的主要因素，以及业财融合对企业业绩的影响。现有研究表明，影响管理会计工具/控制系统成功实施的因素有组织行为因素（Organizational and behavioural）和技术因素，如企业高层的支持、相关绩效制度、资源因素和信息技术因素。此外，本书也会测试业财融合程度对企业业绩（包括财务业绩和非财务业绩）是否有显著的影响，研究非财务业绩对财务业绩是否有显著的影响，以及非财务业绩对业财融合程度与财务业绩的关系是否有中介作用。

本章共有两个部分。第一部分主要介绍本书的理论基础和研究框架，第二部分主要介绍本书研究假设的提出。

2.1 理论基础与研究框架

2.1.1 本书的理论基础

本书的理论基础有权变理论、价值相关理论、创新理论和理性行动理论。

第一，权变理论（Contingency Theory）。权变理论广泛应用于管理会计工具/控制系统的研究中，它认为没有一套适用于所有企业的管理会计工具/控制系统，设计管理会计/控制系统应基于与组织有关的外生变量和内生变量，每个企业应该按照自身的特点建立适当的管理会计工具/控制系统。管理会计工具/控制系统的有效性取决于其设计是否与周围环境、技术因素、企业规模和企业战略相匹配（Fish，1995；Chenhall，2003）。Chenhall（2003）、McAdam 等（2019）、Zhang 等（2017）研究表明，权变理论有利于建立一套有效的管理会计工具/控制系统，从而对企业业绩的提升具有积极的作用。因此，权变理论是适合本书的理论。

第二，价值相关理论（Value Relevance Theory）。本书应用的另一个理论是价值相关理论。该理论认为，现在企业经营的环境与以往大大不同。现在企业面临的经营环境的主要特点是"地缘政治"VUCA，即 Volatile（易挥发性）、Uncertain（不确定性）、Complex（复杂性）和 Ambiguous（模糊性）。因此，企业获得竞争优势及其较高质量的决策要比过去更加微妙。因此，财务部门应从传统的记账功能向业财融合转换，也就是说，财务部门未来的发展方向应该是"价值创造"，如盈利、提高效率、获取可持续的竞争力，为企业所有的利益相关者创造价值，而不仅仅是为股东创造价值，并构建先进的绩效评价体系。因此，价值相关理论能够解释为什么财务人员必须由传统的记账工作转变为企业提供决策支持。

第三，创新理论（Innovation Theory）。创新理论是本书的一个重要的理论基础，它主张许多企业的变化是创新影响的直接结果。创新分为三个连续的阶段，即发生、在内部和外部验证，以及向其他企业进行传播（Birkinshaw 和 Mol，2006）。因此，管理会计角色的转变，如参与到企业的各项经营决策过程中也是创新理论的一个具体体现。

第四，理性行动理论（Theory of Reasoned Action）。理性行动理论能从理论上解释企业高层为什么应该支持业财融合的实施，以及 CEO 和 CFO 应该积极参与到业财融合的实施过程中。Fishbein 和 Ajzen（1975）指出，人们的预期行动（Intended action）受到他们的态度和主题规范（Subject norm）的影响。如果一个人认为他或她的行为的结果是有益的，那么他或她对待该行为的态度将是积极的。

2.1.2 本书的研究框架

目前还没有学者深入研究影响业财融合成功实施的主要因素，可见这方面的研究亟待加强。现有的研究表明，影响管理会计工具/控制系统成功实施的主要因素有企业高层的支持、与管理会计工具/控制系统相关的绩效制度、资源因素，以及信息技术因素。因此，我们也将从这几个因素入手广泛调研影响我国企业成功实施业财融合的主要因素、业财融合程度对企业业绩（包括财务业绩和非财务业绩）的影响、非财务业绩对财务业绩的影响，以及非财务业绩的中介作用。

从国内外现有管理会计工具/控制系统的研究来看，本书首次应用问卷数据系统以调查业财融合对企业业绩的影响。本书采取的研究方法是分析性模型研究，其特点在于通过数学模型构建解释变量和被解释变量之间的关系，优点在于逻辑性强、研究假设检验较为完整（潘飞等，2010）。本书通过偏最小二乘法（Partial Least Square，PLS）构建研究框架。PLS 是结构方程模型

(Structural Equation Modeling，SEM）的一类，其优点在于可以允许研究者同时测量许多变量之间的线性关系，也可以测量非常复杂的研究模型（Lee 等，2011），且适合于小样本量的研究（Hair 等，2014）。此外，Hair 等（2014）也强调 PLS 的特点是采用重复测试的方式解释观察变量中的最大变异率，与回归直线分析非常相似，并非常适合拓荒性研究。本书属于首次探究业财融合程度对企业业绩的影响，且样本量为 226，因此，PLS-SEM 适合本书的数据分析工具。本书的研究框架如图 2.1 所示。

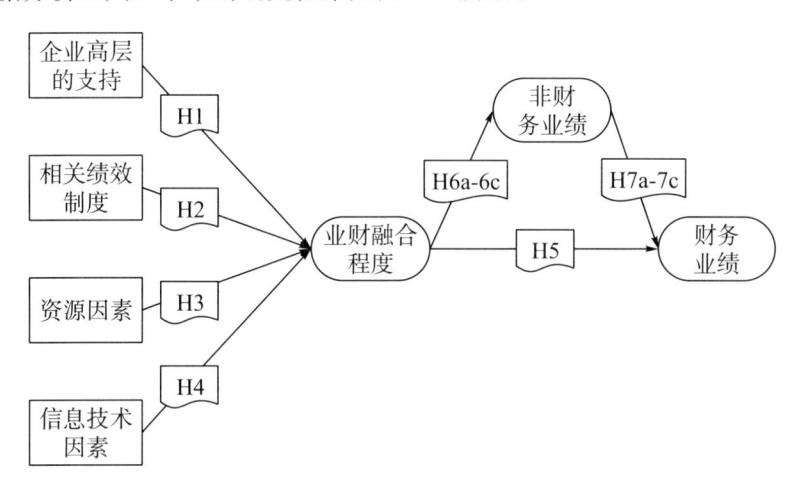

图 2.1 本书的研究框架

2.2 研究假设的提出

2.2.1 影响业财融合实施的因素

2.2.1.1 企业高层的支持

企业高层的支持被许多学者证明是影响管理会计工具/控制系统成功实施最为关键的因素，如经济附加值（Economic Value Added，EVA）和平衡计分卡（Balanced Score Card，BSC）（Liu 和 Pan，2007）。Shields（1995）在对 143 家英国企业的调研中发现，影响作业成本法成功实施最为显著的因素是企业高层的支持。企业高层的支持既可以将丰富的资源分配到作业成本法的实施当中去，也可以为作业成本法的实施提供必要的培训，消除员工对作业成本法的抵触情绪，从而制定制度让非财务员工共同参加到作业成本法的实施过程当中，最终取得成功。Innes 等（2000）在对英国 1000 多家特大企业实施作业成本法的调查中发现，作业成本法是否能够成功实施，企业高层的支持是一个非常重要的因素。Baird 等（2007）从对澳大利亚企业的调查中得出，企业高层的支持既对作业成本法的成功实施，也对作业成本管理的成功实施具有显著的作用，并且其显著度明显大于其他因素，如企业文化因素等。Liu 和 Pan（2007）对某国有企业 2001—2005 年实地调研发现，企业高层的支持不仅是作业成本法，也是其他管理会计工具，如 EVA、BSC、六西格玛（Six Sigama）成功实施的关键因素。

现有国内外的研究结论也表明，企业高层的支持是业财融合成功实施的一个至关重要的因素（Siegel 等，2003；Cullen 和 Patel，2007）。如 Cullen 和 Patel（2007）对英国企业的调研发现，27%的英国企业实施业财融合都不成功，其原因之一便是缺少企业高层的支持。没有企业高层的支持，业务部门和财务部门就会缺少必要的交流，产生不必要的摩擦，从而降低彼此之间的信任。Cullen 和 Patel（2007）同时还强调，要克服业财融合在实施过程中的困难，企业高层必须提供强有力的支持来确保业务人员和财务人员共同参与企业的战略决策，如在这一过程中出现了由于企业文化因素或者信息不透明等原因造成的业财融合不能顺利实施的情况，企业高层就必须采取必要的措施来克服这些困难。

此外，员工的技能，尤其是财务部员工的技能也是业财融合成功实施的一个关键因素（Siegel 等，2003；Cullen 和 Patel，2007）。员工技能的增强可以通过企业高层的大力支持来实现。比如，企业高层可以通过经常举行各种相关的培训、读书会等举措来打造学习型企业，培养符合业财融合要求的员工（陈虎，2010）。Mohan 和 Mackey（2010）也指出，没有企业高层的支持，财务部门将很难参与到业务部门的决策中。由此可见，企业高层的支持将会导致财务人员积极参与到企业的各种决策当中。为此，本书提出第一个假设：

假设 H1：企业高层的支持会对业财融合程度产生正向且显著的影响。

2.2.1.2 相关绩效制度

将管理会计工具/控制系统的实施和相应的绩效制度结合起来，可以激发全体员工实施该管理会计工具/控制系统的积极性，从而使得该管理会计工具/控制系统得到成功实施。为管理会计工具/控制系统的实施制定相关绩效制度，可以鼓励员工使用该管理会计工具/控制系统提供的信息，从而增加该管理会计工具/控制系统成功实施的可能性（Baird 等，2007）。

Shields（1995）对 143 家正在实施作业成本法的英国企业的研究发现，相关绩效制度与作业成本法的实施联系越紧密，作业成本法就越能成功实施。Baird等（2007）和Foster等（1997）也强调，确保作业成本法成功实施的企业必须把作业成本管理和绩效制度，尤其员工的考核制度结合起来。作业成本法是业财融合的一个关键切入点，因此，为业财融合的实施制定相关的绩效制度将会鼓励业务和财务人员共同参与到业务财务一体化过程中，最终使得业财融合得到成功实施。

易宜红（2013）指出，业财融合的实施需要解决的一个难题是业务人员对财务人员参与到业务中不支持。另外，由于担心新的工作任务、新的工作环境会对晋升产生不利影响，业务人员对到财务部门工作产生抵触情绪，因此，企业必须设置相应的绩效制度来鼓励业务人员和财务人员进行岗位的交流。王学瓅等（2016）也表达了相似的观点，我国的企业绩效考核指标中主要是以财务指标为主，关于业务的绩效考核指标还非常少，这导致绩效制度无法反映企业的业务现状，影响了业务人员参加业财融合的积极性。张功富等（2017）也认为，将参与企业重大业务决策并提供服务的情况与财务人员绩效考核结合起来，以及在对业务部门考核指标当中纳入其为财务部门提出具体意见的内容是业财融合成功实施一个重要的环节。由此可见，一套科学的绩效制度是成功实施业财融合的重要保障。为此，本书提出第二个假设：

假设H2：与业财融合实施相关的绩效制度会对业财融合程度产生正向且显著的影响。

2.2.1.3 资源因素

成功地实施管理会计工具/控制系统需要丰富的资源，尤其是大量具有管理会计工具/控制系统知识和技能的员工。Shields（1995）针对英国企业的研究显示，丰富的内部资源，尤其是员工必要技能是管理会计工具/控制系统能够得以成功实施的重要保障。

业财融合需要财务人员的职能从传统的记账向更高级的职能进行转变，这不仅需要CEO和CFO更加紧密的互动，也需要财务人员积极参与到企业不同层面的决策中，如集团层面、业务层面和业绩管理层面。

业财融合对传统的业务和财务员工的能力要求提出了很大的挑战。Mohan和Mackey（2010）指出，业财融合对员工技能的要求是不同于传统的会计工作。业财融合的实施不仅要求员工具备财务知识，对企业的业务知识也有较高的要求。此外，业财融合还要求员工具备信息技术能力、沟通能力、分析能力和影响力（Mohan和Mackey，2010）。陈虎和彭亚男（2010）也强调，业财融合的成功实施需要财务人员具有全面的财务知识、较强的分析业务能力、良好的沟通能力和团队合作精神。易宜红（2013）指出，企业实施业财融合面临的一个难点就是财务人员的知识面较为狭窄，对企业业务的了解非常匮乏，这就导致财务人员无法有效地与业务人员融合并参与到前端业务中。易宜红（2013）同时建议企业需要培养新型的人才，即懂业务的财务人和懂财务的业务人。刘岳华等（2013）对江苏电力公司的调研结果显示，业财融合在实施过程中的一大难题便是员工能力有限，达不到业财融合的要求。郭永清（2017）的调查结果显示，由于能力的限制，财务人员参加业务的能力和积极性都很低，或者提出的管理建议对业务的帮助很小甚至毫无帮助，这严重影响了业财融合的效果。

业财融合需要财务人员不仅具备传统的财务技能，还需要具备非财务和非传统的技能。然而，目前财务人员的能力还达不到业财融合的要求，如只具备财务方面的技能，对业务方面的知识还非常有限，这使得财务人员很难向业务人员决策提供及时准确的信息。此外，由于能力有限，财务人员也不愿意参与到企业经营决策的制定中。CGMA（2018）认为，如果财务人员具备了符合业财融合要求的必备技能，业财融合将会在很大程度上得到成功实施。由此可见，丰富的资源，尤其是大量具备相关能力的员工也是业财融合成功实施的一个关键。为此，本书提出第三个假设：

假设 H3：丰富的资源，尤其是具备业财融合技能的员工会对业财融合程度产生正向且显著的影响。

2.2.1.4 信息技术因素

影响管理会计工具/控制系统成功实施的另一关键因素便是信息技术因素。先进信息技术的引入，如 SAP、ERP、云计算和大数据将会让企业获得更加及时准确的数据，从而大大增加管理会计工具/控制系统成功实施的可能性。Krumwiede（1998）在对 225 家制造型企业成本管理的研究发现，企业的信息化因素的质量是导致作业成本法成功采用和实施的一个重要原因，高质量的信息化技术可以提供比较准确经营数据，这使得作业成本法的成功实施可能性大大提高。Kallunki 等（2011）对芬兰 70 家企业的调研结果显示，信息技术，如 ERP 的引入，在一定程度上提升了管理控制系统，如作业成本法、内部审计、存货管理等的水平。肖泽忠（2009）提出，信息技术的应用也为管理会计工具的实施，如 EVA、BSC 提供强大的技术支持。

业务和财务的成功融合与管理会计工具/控制系统相同，也离不开信息技术的应用。现有学者普遍认为，信息技术的应用有助于财务人员实现角色的转变。Grand 和 Malmi（2002）认为，ERP 技术能够使得财务人员实现从传统的簿记（Bookkeeping）到业务伙伴（Business partnering）的转变，因为ERP能够大大缩短财务人员处理日常财务工作的时间。Scapens 和 Yazayeri（2003）也表达了相似的观点，他们认为ERP可以提高企业处理传统财务工作的效率，财务人员可以从传统的记账工作中解放出来，从而投入更多的时间和精力来支持企业的各种决策。此外，他们还强调ERP的应用能使财务部门为业务部门提供更加前瞻的信息，业务人员也能掌握一些会计知识。Rikhardsson 和 Krammergaard（2006）对丹麦6家企业的研究结论表明，ERP的应用能使非财务部门的管理者获取财务数据，财务部门也能向业务部门的各种经营决策提供更加准确的决策。Byrne 和 Pierce（2007）在对18名财务人员和18名业务人员的调研发现，企业信息技术水平可能会成为财务人员参与企业经营决策的障碍。

我国的学者也表达了相同的观点，如宁云才和苏士勇（2009）指出信息化技术可以消除财务与业务之间的信息"孤岛"，从而实现业务和财务在基础数据、核算凭证、工作流程，以及系统运行方面的顺利融合。刘岳华（2013）强调，信息系统的实施传导与共享是实施业财融合的重要保障。何瑛和彭亚男（2014）指出，信息化程度可以提高企业处理财务问题的效率，使得更多的财务人员从传统财务核算工作中解放出来，从而有更多的时间和精力投入业务中。李闻一等（2016）强调信息技术的应用，如XBRL可以对业财融合起到积极作用。尹国平（2016）强调，实施业财融合的难点之一便是企业各系统之间的障碍，高质量的信息技术可以使得不同系统顺利实现兼容、数据共享和流程贯通等，从而实现业务和财务间信息的自由传递。周鹏和姜洪涛（2017）对我国邮政业的调研发现，信息化技术的应用可以让业务和财务有效地链接起来，从而实现业务和财务的信息共享。郭永清（2017）对河北联通公司实施业财融合的现状进行研究后强调，信息技术是构建财务共享中心的必要保障，财务共享中心的建设也能使业务和财务的一体化程度得到提升。由此可见，信息技术因素也是企业成功实施业财融合的必要条件。为此，本书提出第四个假设：

假设H4：信息技术因素会对业财融合程度产生正向且显著的影响。

2.2.2 业财融合对企业业绩的影响

2.2.2.1 业财融合对财务业绩的影响

国内外的研究结论显示，管理会计工具/控制系统的应用可以在一定程度上提高财务业绩，如利润、销售量和降低成本等。Kennedy 和 Affeck-

Graves（2001）从伦敦证券交易所（LSE）选取了47家采用作业成本法的企业和183家未采用作业成本法的企业进行比较研究，结果表明采用作业成本法的企业比没有采用作业成本法的企业有更好的财务业绩，如企业价值等。Cagwin和Bouwman（2002）的研究表明，作业成本法的采用在一定程度上提高了企业的财务业绩，如投资回报率（Return Of Investment，ROI）。Davis和Albright（2004）在对美国部分银行的调研发现，实施平衡计分卡的银行比没有实施平衡计分卡的银行取得了更好的财务业绩，如业务量和收入水平等。

Emsley（2005）的研究表明，财务人员在企业中扮演业务导向的角色（Business oriented role）能使管理会计工具/控制系统成功实施。因此，本书也预计业财融合的实施会导致管理会计工具/控制系统的成功实施。例如，财务部门参与经营决策，企业能将共同费用归集到成本池中、识别核心作业、选择成本动因，并选择合适的方式来更加准确地分配共同费用。此外，财务部门参与到企业的经营决策中，财务部门向其他部门提供数据的准确性将进一步提高，这样有利于管理会计工具/控制系统的成功实施，并最终提升企业的财务业绩。

一些学者也认为，业财融合可以提升企业的财务业绩。例如，Zoni和Merchant（2007）对意大利17家大型企业的研究结论表明，财务主管参与企业的经营决策能提升企业的财务业绩。Kuye和Sulaimon（2011）对尼日利亚670家企业的研究结果表明，员工参与企业的经营决策能使企业取得更好的业绩。再有，一项在爱尔兰的调研显示，28%的受访企业表示业财融合使得各自企业获得持续性的财务优势（Flanagan和Grant，2013）。

我们认为，财务部门参与企业的决策过程能使财务部门和非财务部门共享数据，为财务人员提供企业完整的经营状况。财务会计系统提供的数据将更加准确地反映企业经营的全貌，企业高层将获得更加准确的数据，决策质量将进一步提高。财务人员也会实现从"记账员"到"价值创造者"或"决策支持者"的转变。因此，企业的经营风险将会被控制到最低程度，经营过程也将优化，最终财务业绩也会提高。

业财融合有利于消除业务部门和财务部门的冲突。业务部门为提升自己部门的业绩而往往不太在意支出的节约，而财务人员从节约成本的角度会对业务人员的活动进行控制，这样可能会导致业务人员和财务人员的利益冲突，从而严重影响企业的效率。业财融合可以使业务部门和财务部门的目标达成一致，业务人员节约成本的意识将得到大大增强，这样使得企业经营管理成本大大降低，从而提高了企业的利润。

此外，业务部门与财务部门也有不同的利益。例如，业务部门为了扩大市场份额而采取薄利多销的策略，财务部门会坚持认为产品的售价应该高于其单位成本，这样的分歧会导致两个部门目标的不一致。业财融合可以让财务部门理解业务部门的目标，从而导致企业市场份额的扩大，并最终提升企业业绩。为此，本书提出第五个假设：

假设 H5：业财融合的实施程度越高，企业的财务业绩实现的程度就越高。

2.2.2.2 业财融合对非财务业绩的影响

目前还没有研究直接测试业财融合的实施与非财务业绩是否存在显著的影响。若干现有研究的结论显示，管理会计工具/控制系统对企业的非财务业绩，如产品质量、市场业绩（客户满意度、市场份额等），以及送货速度会产生直接的影响。例如，Kallunki 等（2011）的研究发现，管理会计工具/控制系统的实施有效提高了企业的市场份额、员工满意度，优化了内部流程。Durendez 等（2016）在对西班牙 900 多家的中小企业的调查后得出，管理会计工具/控制系统的应用对企业的非财务业绩提升有显著的影响，应用管理会计工具/控制系统的企业比没有应用管理会计工具/控制系统的企业在市场份额、生产效率等业绩提升方面表现得更加优秀。Hooze 和 Ngo（2017）在对比利时 170 家企业的调研结论显示，各部门的管理者参与到企业的成本设计决策中改善了企业的经营过程，也使得企业成本的降低和产品质量的提升。

我们认为，业务和财务的有机融合可以为企业决策提供高质量（包括内部数据和外部数据）的及时数据，这将使得管理会计工具/控制系统得以成功实施，并最终提高企业的非财务业绩，如员工业绩、内部流程业绩和市场业绩。

我们同时认为，业财融合实施程度越高，说明财务人员与非财务人员共同参与到企业各种经营决策的程度越高，如投融资决策、成本改造决策等。员工的能力，如分析能力、思维能力、执行力等将会得到进一步的提升，工作热情也会进一步被激发，这些都会在很大程度上提升企业的非财务业绩。此外，业财融合的实施必然会使得部门之间的沟通会得到进一步加强，部门之间的摩擦将会大大减少，这样就会使得企业的内部流程得到优化，产品和服务质量也会得到提升，客户满意度会提高。为此，本书提出第六组假设。

假设 H6a：业财融合的实施程度越高，企业的员工业绩实现的程度就越高。

假设 H6b：业财融合的实施程度越高，企业的内部流程业绩实现的程度就越高。

假设 H6c：业财融合的实施程度越高，企业的市场业绩实现的程度就越高。

2.2.2.3 非财务业绩对财务业绩的影响

我们检验了样本企业的非财务业绩对财务业绩的影响，即员工业绩、内部流程业绩和市场业绩的取得程度对财务业绩的实现程度是否有显著的影响。现有关于管理会计工具/控制系统，如 BSC 的研究表明，非财务业绩，如客户满意度、内部流程的改善，以及员工技能和教育水平的提升将会对财务业绩有显著的影响（Kaplan 和 Norton，1996；Iyibildiren 和 Karasioglu，2018）。

Davila 和 Venkatachalam（2004）在对航空业企业的研究结论显示，非财务指标，如客户的上座率（The rate of passenger loading）和 CEO 的薪酬（Compensation）计划对财务业绩，如资产报酬率（Return On Asset，ROA）有显著的影响。Lau 和 Oger（2011）对法国 60 名企业高管的研究发现，非财务绩效指标会对员工产生显著的影响，会让员工感觉到企业的程序是公平的（Procedural fairness）。可见，非财务业绩指标能够提升员工对工作的满意度。这些影响是间接的，是通过对企业程序公平性的提升而实现的。员工对工作的满意度的提升也会长期提升企业的财务业绩。Yuliansyah 和 Ahmad Razimi（2015）调查了印度尼西亚上市企业中非财务业绩（如创新等）对财务业绩的影响，以及非财务业绩的中介作用。结论表明，非财务业绩对财务业绩有显著的影响，其中创新对财务业绩也有完全的中介作用。Kamilah 和 Zabri（2016）对马来西亚 118 家制造企业调研结论表明，非财务业绩对企业的内部流程的效率（Efficiency）、产品发展（Product development）、企业的成长（Growth）、企业社会责任（Corporate social responsibility）和财务业绩有相当大的影响。此外，Mjongwana 和 Kamala（2018）也调研了在南非酒店行业中非财务业绩对财务业绩的影响。结论表明，非财务业绩对酒店行业的盈利能力（Profitability）、生产率（Productivity）和效率有正向且显著的影响，同时非财务业绩也提升了决策的质量。其中与客户相关的业绩指标被认为是最显著的指标。

我们认为，本书中的样本企业的非财务指标与财务指标存在因果关系。例如对员工的激励会鼓励他们参与到企业的前端决策，分享他们的经验和技能，从而做出能让企业增加价值的决策。这也会在很大程度上提升企业的财务业绩。

此外，企业内部流程的提升可以提升企业经营效率（Efficiency）和生产率（Productivity）。因此，企业的生产成本将会降低、生产循环时间（Manufacturing cycle time）将会大大缩短，客户满意度也将会提升。一旦客户满意度提高，企业的市场份额和销售量也将会提高，从而企业的盈利能力也会增加。对此，本书提出第七组假设：

假设 H7a：企业员工业绩的实现程度对财务业绩的实现程度有正向且显著的影响。

假设 H7b：企业内部流程业绩的实现程度对财务业绩的实现程度有正向且显著的影响。

假设 H7c：企业市场业绩的实现程度对财务业绩的实现程度有正向且显著的影响。

2.2.2.4 非财务业绩的中介作用

现有的管理会计研究主要将员工业绩（Kallunki 等，2011；Lopez-Valeiras 等，2018）、内部流程业绩（Ittner，2002；Kallunki 等，2011；Durendez 等，2016）和市场业绩（Kallunki 等，2011）作为衡量非财务业绩的重要指标。我们也将测试非财务业绩，如员工业绩、内部流程业绩和市场业绩对业财融合和财务业绩是否有中介作用，理由如下：

一些学者认为，管理会计工具/控制系统，如作业成本法、平衡计分卡和标杆管理等对财务业绩的影响是间接而不是直接的。一些非财务业绩，如内部流程、客户满意度和市场份额对管理会计工具/控制系统与财务业绩之间有中介作用。我们认为，非财务业绩对业财融合程度与财务业绩的关系有中介作用。业财融合能够提高员工的技能、改善企业内部流程和提高企业市场业绩，并最终提高企业的财务业绩。为此，本书提出第八组假设：

假设 H8a：员工业绩对业财融合程度与财务业绩的关系有中介作用。

假设 H8b：内部流程业绩对业财融合程度与财务业绩的关系有中介作用。

假设 H8c：市场业绩对业财融合程度与财务业绩的关系有中介作用。

2.3　本章小结

在权变理论、价值相关理论、创新理论和理性行动理论的基础上，我们构建了本书的研究框架，提出了相关的假设。提出假设的主要目的是测试主要解释变量，如企业高层的支持、相关绩效制度、资源因素和信息技术因素是否对被解释变量业财融合的实施有显著的影响。

此外，我们还提出了关于业财融合与企业业绩（包括财务业绩和非财务业绩）的关系假设、非财务业绩与财务业绩的关系假设，以及非财务业绩的中介作用等。

3 研究方法

本章将对本书主要的研究方法，如主要研究样本、研究数据的收集，以及调研问卷的设计等进行详细的介绍。同时，本章也将会对主要研究变量的题项，如解释变量、被解释变量和中介变量进行详细分析。此外，本章还介绍了研究数据分析的具体方法。

3.1 研究样本和数据收集

本书是通过发放问卷来获得研究所需要的数据。问卷调查法被认为是达成本书研究目标最为合适的方法，其原因在于问卷调查法的成本低，并且可以收集大量的数据（Gosselin，1997；Shields，1995）。此外，问卷调查法还可以解决许多数据库无法反映的抽象问题（企业的决策和控制行为），从而使得实证研究的可操作性大大增加（毛洪涛等，2013；潘飞等，2010）。潘飞等（2010）指出指导实践的理论是否正确，可以通过调查问卷法进行验证，实地研究和实验研究等局部研究的结论可以通过问卷调查法得到进一步的扩展。

本书选择大型企业，如制造企业、商品流通企业、服务行业等作为调查对象。其原因在于管理会计工具/控制工具，包括业财融合，在大型企业实施的可能性会高于其他中小型企业。企业主管、财务总监、财务经理、会计主管是问卷的合适发放对象，他们对企业控制系统的设置、企业日常运营情况有非常清楚的了解，这将有助于他们深刻理解业财融合在各自企业实施的现状。

笔者在大量阅读管理会计、组织行为学相关文献基础上设计了问卷的初稿，邀请了来自上海财经大学、上海国家会计学院和西南财经大学的教授进行审核，并在此基础上对问卷进行了第一次修订。

不少学者指出了对问卷进行前期测试的必要性，如 Sekaran（2003）认为问卷的信度和效度可以通过前期测试进行验证；Cavana 等（2001）强调通过对部分具有代表性的样本进行前期测试,可以使得问卷的相关性得到进一步的提升。因此,在正式发放问卷之前,我们还邀请了1家国有企业和1家外资企业的财务总监和财务主任对问卷进行了前期测试,最后根据其对问卷的反馈意见对问卷完成了最终的修订。可见,问卷的质量可以得到了很大程度的保证。

笔者制作了微信版的问卷,并通过上海国家会计学院主办的"中国会计视野"网站进行推广,同时也向在上海国家会计学院接受培训的全国和各省市"会计人才领军班""省市优秀会计人才培训班""总会计师培训班"、EMBA、EMPACC等学员发放。这些学员都是合适的问卷调查对象。

3.2 主要研究变量的设计

本书使用李克特5级量表来获取研究变量的具体取值。由于调查影响业财融合实施的因素和业财融合程度对企业业绩的影响的实证研究尚属首次,因此主要变量,如影响业财融合实施的因素、企业业绩(包括财务业绩和非财务业绩)都是从现有国内外管理会计文献中改编而来的。

问卷共有4个部分。其中,第一部分主要是衡量业财融合的实施程度;第二部分主要目的是调研影响业财融合实施的因素,如企业高层的支持、相关绩效制度、资源因素和信息技术因素等;第三部分为衡量企业业绩的相关问题,包括财务业绩和非财务业绩等;第四部分是关于样本企业和问卷填写人员的相关信息。表3.1归纳了调查问卷的主要内容。

表3.1 调查问卷的主要内容

	主要变量	具体涉及的问题
第一部分	业财融合的实施程度	Q1~Q11
第二部分	影响业财融合实施的因素	Q12~Q23
	企业高层的支持	Q14、Q19、Q20、Q22
	相关绩效制度	Q18、Q21
	资源因素	Q12、Q13、Q15
	信息技术因素	Q16、Q17、Q23

续表3.1

	主要变量	具体涉及的问题
第三部分	企业业绩	Q24~Q35
	财务业绩	Q24~Q26
	市场业绩	Q27、Q28，Q30
	内部流程业绩	Q29、Q31、Q32
	员工业绩	Q33、Q34，Q35
第四部分	样本企业的背景信息	Q36~Q45
	问卷填写人员的个人信息	Q36~Q38
	样本企业的相关信息	Q39~Q45

3.2.1 解释变量

本书的解释变量主要有企业高层的支持、相关绩效制度、资源因素和信息技术因素，其题项借鉴于影响管理会计工具/控制系统成功实施的因素。

第一，企业高层的支持。Q14、Q19、Q20、Q22是衡量企业高层对业财融合实施支持程度的相关题项，其目的在于测试在样本企业中，企业高层是否对业财融合提供了强有力的支持。这些题项改编于Baird等（2007）、Krumwiede（1998）、Anderson和Young（1999）以及Shields（1995）归纳的企业高层对作业成本法实施支持的题项，同时还借鉴了陈虎等（2010）关于企业高层在业财融合中应有的作用的观点。该变量的取值从1（完全不同意）到5（完全同意），该值越高，说明企业高层对实施业财融合的支持力度越大。

第二，相关绩效制度。我们认为将相关绩效制度与业财融合结合起来，可以鼓励财务人员主动参与企业的前端决策。Q18和Q21的目的在于测试样本企业的绩效制度对财务人员参与前端业务决策的鼓励程度，其题项改编于Baird等（2007）、Foster和Swenson（1997）以及Shields（1995）研究中的题项，它们都被用来调查绩效制度因素对管理会计工具/控制系统的成功实施是否有显著的影响，同时还借鉴了王学㻫等（2016）关于业财融合下绩效制度设置的论述。该变量的取值从1（完全不同意）到5（完全同意），选值越高，说明企业的绩效制度越能反映业务情况、越能支持业财融合的成功实施。

第三，资源因素。Q12、Q13、Q15是用来衡量样本企业是否具有充足的符合实施业财融合要求的员工，其题项改编于Anderson和Young（1999）以及郭永清（2017）的研究中的题项，同时借鉴了陈虎和孙苗（2011）以及束青（2014）关于业财融合对员工能力要求的论述。该变量取值从1（完全不同意）

到 5（完全同意），该值越高，说明企业中符合实施业财融合要求的员工越充足。

第四，信息技术因素。信息技术因素也是决定业财融合成功的重要因素之一。Q16、Q17、Q23 的目的在于测试样本企业的信息技术是否能够支持业财融合的成功实施，其题项改编于 Shields（1995）研究中的题项，同时还借鉴了易宜红（2013）和束青（2014）提出的业财融合对企业信息技术的要求。该变量取值从 1（完全不同意）到 5（完全同意），该值越高，说明企业的信息技术越有助于业财融合的成功实施。

3.2.2 被解释变量

本书的被解释变量主要有业财融合的实施程度和企业业绩的实现程度。

第一，业财融合的实施程度。业财融合也称为业务和财务一体化，是指业务和财务的有机融合，具体是指业务部门和财务部门通过先进的技术和手段达到数据流、资金流、信息流等数据源的实时共享，并以创造价值为具体目标，合作做出关于计划、控制、协调和评价等方面的决策。业财融合也被定义为财务部门通过提高决策质量，如融资决策、成本控制和定价等决策来为企业创造价值（Flanagan 和 Grant，2013）。CGMA（2018）将业财融合定义为将会计准则和对业务的理解结合起来，并提供分析或见解，为决策和业绩管理提供相关信息，改善价值创造，以利于企业的利益关系人。为了对主要的研究变量设置比较准确的指标，我们需要对相关研究变量下一个准确的定义（Churchill，1979）。

现有的研究认为，管理会计人员应该积极参与到企业各种决策的制定当中（Burns 和 Baldvinsdottir，2005；Jarvenpaa，2007）。CGMA（2018）认为，财务人员应当为企业高层（如战略目标）、业务层面（如全面预算、投资并购），以及业绩管理方面的决策（如经营过程管理）提供支持。全球管理会计准则（Global Management Accounting Principles，GMAP）（2016）总结了管理会计的主要功能主要有成本管理、项目管理等。因此，在 CGMA（2018）和 GMAP（2016）的基础上，我们将业财融合定义为财务部门参与到企业各种各样的决策的制定当中，如定价、成本管理、项目管理、预算管理、业绩、融资、投资并购、战略性税收管理、经营过程管理、战略目标和风险管理等。

因此，问卷中衡量业财融合的实施程度的题项为 Q1 到 Q11，它们改编于 GMAP（2016）和 CGMA（2018）对管理会计人员主要职能的划分，其目的在于测试企业在融资、战略目标、投资并购、项目管理、定价、成本管理、全面预算、风险管理、战略性税收管理、经营过程管理、业绩管理等决策的制定和执行过程中财务人员的参与程度。这些题项的取值为1（不参加决策且不了解）、2（不参加决策但基本了解）、3（中等）、4（参与决策但没有话语权），以及5（参与决策且有话语权），该值越高，说明被调查企业在这一方面业财融合的实施程度就越高，财务人员参与该项决策的程度就越高，反之则越低。

第二，企业业绩的实现程度。企业业绩是本书的被解释变量，该变量的目的在于衡量实施业财融合以后企业业绩的实现程度，现有研究将其定义为利润边际（Zoni和Merchant，2007）和过程提升（Hooze和Ngo，2017）。然而，他们对企业业绩的定义并不全面，仅仅包括了企业业绩的某一方面（财务业绩或非财务业绩）。Mia和Clarke（1999）以及Zhang等（2017）认为，对企业业绩的衡量指标应该是全面的，不应该仅仅包括定量指标或定性指标。

因此，本书中衡量企业业绩的题项为Q24到Q35，它们改编于Mia和Clarke（1999）、文东华等（2009，2012），以及Kaluniki等（2011）对企业业绩的题项。我们认为这些对企业业绩的归纳是全面的，既包括定量指标，又包括定性指标，既包括财务指标，也包括非财务指标。本书采用财务业绩、市场业绩、内部流程业绩和员工业绩的达成程度作为衡量企业业绩的题项。这些题项的取值从1（完全没有实现）到5（完全实现），该值越高，说明企业业绩的实现程度就越高，业绩就越好，反之则企业业绩的实现程度就越低，业绩就越差。

3.2.3 控制变量

本书的控制变量有：①企业所有制性质。在我国，不同所有制企业面临的经营环境不一样，在制度和管理方式上会存在差异（诸波，2015），因此，有必要在本书中引入企业的所有制性质作为控制变量，本书将国有企业定义为1，将非国有企业定义为0，以测试对回归分析的影响。②企业行业类型。不同行业类型的企业，其管理会计工具/控制系统在设置和运行方面存在差异，影响其成功实施的因素也可能会存在差异。本书将行业分为制造企业和非制造企业，如果样本企业是制造企业，则值为1，否则为0。诸波（2015）和肖泽忠（2009）在各自的研究中也将行业类型列为控制变量。③企业规模。在管理会计研究中一个常用的控制变量是企业规模，其衡量的主要方式为企业的员工人数（Chenhall，2003）。本书将样本企业按照员工人数分为两类：2000人以下的样本企业定义为0，2000人以上的样本企业定义为1。表3.2为本书的主要变量和题项。

表 3.2 本书的主要变量和题项

变量名	题项	借鉴于
业财融合程度	融资决策	CGMA（2018），GMAP（2016）
	战略目标决策	
	投资并购决策	
	项目管理决策	
	定价决策	
	成本管理决策	
	全面预算决策	
	风险管理决策	
	战略性税收管理决策	
	经营过程管理决策	
	业绩管理决策	
企业高层的支持	积极支持业财融合	Shields（1995），Baird 等（2007），Krumwiede（1998），Anderson 等（1999）
	加强对相关人员的培训	
	建立了有效的沟通机制	
	举办各种技能培训	
相关绩效制度	相关绩效制度来推动业财融合	Baird 等（2007），Foster 等（1997），Shields（1995）
	能够反映业务情况的评价体系	
资源因素	员工必要的技能	Anderson 等（1999），束青（2014），陈虎（2011）
	财务人员对企业业务的了解	
	财务人员对业财融合具体要求的理解	
信息技术因素	业务数据和财务数据共享	Shields（1995），易宜红（2013），束青（2014）
	及时提供业财融合所需要的信息	
	确保业务和财务数据的准确性	
内部流程业绩	服务或产品质量的实现程度	Mia 和 Clarke（1999），Kallunki 等（2011）
	送货速度的实现程度	
	推出新产品或服务的实现程度	
员工业绩	员工满意度的实现程度	
	员工执行力的实现程度	
	员工技能的实现程度	

续表3.2

变量名	题项	借鉴于
财务业绩	成本控制的实现程度	Mia 和 Clarke (1999), Kallunki 等 (2011)
	销售量的实现程度	
	利润的实现程度	
市场业绩	客户满意度的实现程度	
	市场份额的实现程度	
	新客户的实现程度	
控制变量	所有制性质	肖泽忠 (2009), 褚波 (2015), Chenhall (2003)
	行业类型	
	企业规模	

3.3 数据分析方法

用于本书研究的一手数据（Primary data）都是由调查问卷收集而来。我们应用 SPSS（Statistical Package for Social Science，SPSS）22 版本和最小偏二乘法（Partial Least Square，PLS）第二版来分析和处理相关数据。具体的数据处理方法如下。

3.3.1 描述性统计

我们对问卷中的某些问题进行了频率性（Frequency）统计，如学历、在企业里的职位、在现职位工作的年限，以及样本企业的所属行业、所有制性质、年收入、员工人数等。这些数据有助于我们全面了解问卷填写者和样本企业的基本情况。

同时，我们还对本书中的主要变量，如企业高层的支持、相关绩效制度、资源因素、信息技术因素、财务业绩和非财务业绩进行了描述性分析（Descriptive analysis）。其目的在于调研在样本企业中企业高层对业财融合实施的支持程度、企业现有的绩效制度与业财融合实施的联系程度、企业员工技能和信息技术满足业财融合要求的程度、企业财务业绩和非财务业绩的实现程度。

3.3.2 效度和信度

3.3.2.1 效度检验

Hair 等（2014）指出，检验问卷效度的指标有聚合效度（Convergent validity）和区分效度（Discriminant validity）。

聚合效度是指应用不同的方法测试同一特征时所得结果的相似程度（Hair 等，2014）。在本书中，衡量聚合效度的三个标准分别是载荷因子（Factor loading）大于0.5（Hair等，2014）、合成信度（Composite reliability）大于0.6（Hair等，2014）、平均方差提取值（Average Variance Extract，AVE）大于0.5（Fornell和Laker，1981）。

区分效度是指量表所测试的结果和对其他不同测试方法所得结果不相关联的程度（Hair等，2013）。Fornell和Laker（1981）建议区分效度可以有以下几个指标衡量：①平均方差提取值（AVE）的平方根的值大于主要变量之间的相关系数（Coefficient）；②主要变量的克朗巴赫系数（Cronbach's α）必须高于其与其他变量之间的相关系数。问卷的效度检验结果将在第4章详细列出。

3.3.2.2 信度检验

我们还对本书中的主要变量进行了信度检验，其目的在于检验问卷中各量表的稳定性（Stability）和内部一致性（Internal consistency），量表的信度越大，表明其测量误差越小。在本书中，我们还获取了关于内部一致性的总体值，总体值低的题项应该被删除（Sekaran，2003）。我们应用了克朗巴赫系数（Cronbach's α）来对问卷的主要变量进行信度检验，它被认为是最常见的衡量问卷中题项的可靠性的指标（Cavana等，2001；Peter，1979），克朗巴赫系数的值越接近1，问卷中题项的内部一致性就越高，问卷的可靠性也就越高。一般来说，测量量表的信度系数小于0.6，说明该变量的信度不可接受；大于0.7，则说明该变量的信度是可接受的。Nunnally（1978）认为，信度系数在0.5和0.6之间也是可以接受的。我们把可接受的信度系数定为0.6，低于0.6的量表我们也做出了必要的调整。

此外，由于本书中涉及的所有变量都是连续性变量，因此我们还应用相关系数（Coefficient）测试了本书中主要变量的相关程度的强弱和相关方向。相关系数的取值为-1到1，正值表示两个变量正向相关，反之则负向相关。此外，相关系数越接近1，表明两个变量的相关程度越强，反之则越弱。问卷的信度检验结果将在第4章详细列出。

3.3.3 多元回归直线分析

我们应用多元回归直线对本书中的相关假设进行了测试。多元回归直线主要用来测试解释变量，如企业高层的支持、相关绩效制度、资源因素和信息技术因素是否显著地影响业务和财务在样本企业中的融合程度，业财融合程度对企业业绩（包括财务业绩和非财务业绩）是否有显著的影响，以及非财务业绩对业财融合程度与财务业绩的关系是否有中介作用。

我们应用的其中一个指标是 R^2，即决定系数（Coefficient of determination）。Hair 等（2006）强调，R^2 可以用来衡量研究中所有的解释变量，能够解释百分之几的被解释变量的变异量，其取值为 0 到 1，该值越高，说明解释变量能够解释被解释变量的变异量的比例就越高，被解释变量的选择就越准确。我们预计在本书中，所有解释变量，如企业高层的支持、相关绩效制度、资源因素和信息技术因素都可以解释大比例的被解释变量的变异量，即业财融合在样本企业的实施程度，以及业财融合程度能够解释高比重的企业业绩中的变异量。

此外，为进一步检验多元回归直线结果的有效性，本书也进行了多重共线性检验。吴明隆（2017）总结了检验共线性的指标为方差膨胀因素（Variance Inflation Factor，VIF）大于 10、容忍度（Tolerance，TOL）小于 0.1、特征值（Eigenvalue）小于 0.01，以及条件指标（Condition Index，CI）大于 30。此外，变量之间的相关系数（Correlation coefficient）也可以用来检验多重共线性是否存在。如果变量之间的相关系数大于 0.9，则说明变量之间存在较为严重的共线性情况。多重共线性的检验结果将在第 4 章详细列出。

3.4 本章小结

本章主要讨论了本书具体的研究方法。我们首先介绍了研究样本的选择和数据的收集，包括问卷的设计、问卷的前期测试，以及问卷的发放和回收等。接着，我们介绍了主要量表的题项设计，包括企业高层的支持、相关绩效制度、资源因素、信息技术因素、财务业绩和非财务业绩等变量的设计。最后，我们列举出了本书用的主要数据分析方法，如描述性统计和频率性统计、效度检验和信度检验、多元回归直线分析、多重共线性检验等。表 3.3 归纳了实现研究目标的具体方法。

表 3.3 本书实现研究目标的具体方法

研究目标	具体方法
样本企业业财融合的实施现状	SPSS进行描述性统计和频率性统计
业财融合实施现状的原因	SPSS进行描述性统计和频率性统计
效度检验	SEM－PLS进行聚合效度和区分效度检验
信度检验	SEM－PLS进行克朗巴赫系数检验
影响业财融合程度的主要因素	SEM－PLS进行多元回归直线分析
业财融合程度对财务业绩的影响	SEM－PLS进行多元回归直线分析
非财务业绩对财务业绩的影响	SEM－PLS进行多元回归直线分析
非财务业绩的中介作用	SEM－PLS进行方差贡献率、间接路径系数等
多重共线性检验	SPSS进行方差膨胀因素、容忍度、特征值、条件指标检验，以及相关系数检验

4 数据分析结果与讨论

本章主要针对调查问卷收集到的数据进行了详细的分析，包括在数据分析开展前所进行的工作、问卷回收率的分析、信度和效度的分析结果、样本企业和问卷填写人员的基本信息、对主要研究变量的描述性统计和频率性统计。最后，我们还对多元回归测试的结果进行了探讨。

4.1 问卷回收情况分析

本书通过上海国家会计学院主办的"中国会计视野"的网站对调查问卷进行发布，同时也制作了微信版的问卷，并向在上海国家会计学院接受培训的全国和各省市"会计人才领军班""省市优秀会计人才培训班""总会计师培训班"，以及 EMBA 和 EMPACC 班级等进行发放。我们总共发出问卷为 1000 份，问卷调查持续了 3 个多月，从 2017 年 6 月到 2017 年 9 月，并最终回收问卷为 252 份，回收率为 25.2%，我们剔除了无效问卷 26 份，最终用于数据分析的有效问卷共 226 份。Menon 等（1999）认为，有效问卷率在 15%～20% 对问卷调查法需要的样本量是合适的，尤其是问卷填写的对象是企业高层的人员。表 4.1 为问卷回收情况。

表 4.1　问卷回收情况

	共计（份）	比例
发放问卷	1000	100%
未回收问卷	748	74.80%
回收问卷	252	25.20%
剔除无效问卷	26	0.26%

续表4.1

	共计（份）	比例
有效问卷	226	22.60%

4.2 问卷数据的前期分析

我们采用问卷调查法的目的是测试企业高层的支持、相关绩效制度、资源因素和信息技术因素对业财融合程度的影响。同时，我们还应用问卷收集到的数据测试业财融合程度是否对企业业绩有显著的影响，以及非财务业绩的中介作用。在对问卷收集的数据进行分析以前，我们检测了输入的数据是否有极值或错误值、数据是否符合正态分布，以及每个解释变量是否有很高的关联程度等。

4.2.1 缺失值的检验

在正式分析数据前，我们首先检测输入的数据是否出现了缺失值。Hair等认为，缺失值（Missing value）产生的原因是问卷填写人员忽略了问卷中的一个或者几个问题，一份问卷中有过多的缺失值是不可以进行数据分析的。他们还推荐了两种处理缺失值的方法：第一，完整案例法（Completed case approach）。完整案例法要求只有不存在缺失值的问卷才能用于数据分析。除去部分问卷很可能会导致用于分析的问卷大幅度减少，因此，完整案例法仅仅适合大样本量的研究，这样除去部分的存在缺失值的问卷并不会对研究结果有显著的影响。第二，删除有大量缺失值的问卷。第三，输入法（Imputation method）。输入法是指在各变量的取值的基础上估计缺失值的取值，这种方法能够使得用于数据分析的问卷达到最大值（Hair等，2006）。

在本书中，我们仅仅有226份问卷用于数据分析，因此完整案例法并不适合我们的研究，我们使用第二种和第三种方法来处理问卷中出现的缺失值，如果一份问卷中有关键的问题没有回答，则将它们排除在数据分析之外。例如在回收的问卷中，有26份问卷没有回答企业业绩或业财融合程度的相关问题，我们就不能将它们作为有效问卷进行分析。

我们应用了两种方法对问卷中的所有数据，包括样本企业的基本信息、解释变量和被解释变量进行了检测。

第一，使用次数分布表，观察每个勾选的数值有无极值或错误值，如由李克特5级量表衡量的业财融合程度的题项,这些题项的取值只有1至5,如出现小于1或者大于5的数据则被认为是缺失值(Missing value)。如果出现缺失值,我们将重新检测原始的问卷数据,查看是否在输入数据时出现了错误。第二,我们对主要变量进行描述性统计,查看数据的最小值和最大值是否超出1或5两个极端值,如最小值小于1或最大值大于5,表示数据键入有错误。检验的结果显示,除了剔除的无效问卷,余下的226份问卷没有出现缺失值。

4.2.2 正态分布检验

正态分布检验的目的是检验调查问卷收集到的数据是否符合正态分布。Hair等(2006)认为,正态分布检验是多元统计分析(Multivariate analysis)的基础。他们建议用两个指标来检验数据是否符合正态分布,即峰度(Kurtosis)和偏度(Skewness),如果它们的值在−2.58到2.58之间(0.01的显著度)或者在−1.96到1.96之间(0.05的显著度),则数据符合正态分布。我们应用SPSS 22对本书中的主要变量进行了正态分布检验,结果见表4.2。

表4.2 数据的正态分布检验（$N=226$）

主要变量	正态分布检验	
	峰度	偏度
业财融合程度	−0.842	0.658
企业高层的支持	−0.672	0.170
相关绩效制度	−0.616	0.189
资源因素	−0.426	−0.099
信息技术因素	−0.241	−0.577
财务业绩	−0.517	0.366
员工业绩	−0.678	0.956
内部流程业绩	−0.696	−0.004
市场业绩	−0.840	−0.786

表4.2表明问卷中主要变量的峰度和偏度都在Hair等(2006)推荐的值以内。因此,问卷中的数据符合正态分布。

除了峰度和偏度的检验,我们还应用了Kolmogorov−Smirnov系数来检验问卷中的主要变量是否符合正态分布,结果见表4.3。

表 4.3　Kolmogorov-Smirnov 系数的正态分布检验（$N=226$）

主要变量	正态分布检验 统计量	正态分布检验 显著度
业财融合程度	0.081	0.001
企业高层的支持	0.130	0.000
相关绩效制度	0.166	0.000
资源因素	0.106	0.000
信息技术因素	0.105	0.000
财务业绩	0.116	0.000
员工业绩	0.249	0.000
内部流程业绩	0.198	0.000
市场业绩	0.206	0.000

表 4.3 显示显著度均小于 0.05，因此，问卷中的数据都不符合正态分布，但是在样本量大于 200 的情况下也是正常现象（Pallant，2000）。此外，我们还将数据的实际分布图与正态分布图（Normal probability plot）做了比较。Hair 等（2006）指出，如果变量数据符合正态分布，其观察值的分布在一条 45°角的直线上。我们认为，如果主要变量的数据值的分布大致在一条 45°角的直线上，那么就符合正态分布。附注显示所有变量的观测值都分布在一条直线上，因此，我们认为调查问卷收集到的主要数据基本符合正态分布。

4.3　样本企业的基本信息

本问卷填写对象是企业高层，如企业主管、财务负责人等，其基本信息见表 4.4。

表 4.4　问卷填写人员的基本信息（$N=226$）

变量	基本信息	人数（人）	有效百分比
学历	专科	13	5.8%
	本科	118	52.2%
	硕士	89	39.4%
	博士	6	2.7%

续表4.4

变量	基本信息	人数（人）	有效百分比
职位	企业主管	15	6.6%
	会计主管	66	29.2%
	财务经理	66	29.2%
	财务总监	63	27.9%
	其他	16	7.1%
现职位工作年限	5年以下	53	23.5%
	5年到10年	73	32.3%
	10年以上	100	44.2%

问卷填写人员的学历构成情况分别为专科13人（5.8%）、本科118人（52.2%）、硕士89人（39.4%）和博士6人（2.7%）；在职位方面，企业主管占比6.6%（15人）、会计主管占比29.2%（66人）、财务经理占比29.2%（66人）、财务总监占比27.9%（63人），以及其他职位，如董事长、总经理占比7.1%（16人）；在现职位工作年限方面，23.5%（53人）的问卷填写人员为5年以下，32.3%（73人）的问卷填写人员为5～10年，44.2%（100人）的问卷填写人员为10年以上。由此可见，76.5%的问卷填写人具有5年以上在现职位工作年限，使得他们对各自企业管理会计工具/控制系统的设置、企业的日常经营运营方式有着深刻的了解，也使得他们对问卷中的提问能够有非常准确的理解，从而确保了本问卷具有较高的可信度。

本问卷调查企业的基本信息见表4.5。

表4.5 问卷调查企业的基本信息（$N=226$）

变量	基本信息	企业数量（家）	有效百分比
企业所有制性质	国有企业	156	69.0%
	民营企业	54	23.9%
	外资企业	16	7.1%
企业行业类型	互联网行业	3	1.3%
	制造行业	77	34.1%
	商品流通行业	6	2.7%
	服务行业	50	22.1%
	其他行业	90	39.8%

续表4.5

变量	基本信息	企业数量（家）	有效百分比
企业年收入	3亿元以下	73	32.3%
	3亿~4亿元	10	4.4%
	4亿~5亿元	10	4.4%
	5亿~10亿元	24	10.6%
	10亿元以上	109	48.2%
企业总资产	1亿元以下	37	16.4%
	1亿~2亿元	19	8.4%
	2亿~4亿元	13	5.8%
	4亿~5亿元	7	3.1%
	5亿元以上	150	66.4%
企业员工人数	500~2000人	146	64.6%
	2000~4000人	20	8.8%
	4000~6000人	13	5.8%
	6000~10000人	7	3.1%
	10000人以上	40	17.7%
企业成立时间	5年以下	25	11.1%
	5~10年	40	17.7%
	10年以上	161	71.2%

调查问卷中的企业所有制性质包括国有企业、民营企业和外资企业，其中国有企业占比69%（156家）、民营企业占比23.9%（54家）、外资企业占比7.1%（16家）；在企业行业类型方面，互联网行业占比1.3%（3家）、制造行业占比34.1%（77家）、商品流通行业占比2.7%（6家）、服务行业占比22.1%（50家），以及其他行业（包括房地产、金融、建筑、餐饮、娱乐等）占比39.8%（90家）；在企业年收入方面，有58.8%的企业年收入达到了5亿元以上，41.2%的企业年收入在5亿元以下；在企业总资产方面，总资产超过5亿元以上的企业达到了66.4%，17.2%的企业总资产在1亿~5亿元，16.4%的企业总资产在1亿元以下；在企业员工人数方面，大部分的企业员工人数在2000人以下（64.6%），员工人数超过10000人以上的企业仅占17.7%；在企业成立时间方面，占比71.2%的企业已经成立了10年以上，成立时间不到5年的企业仅占11.1%。

从样本企业的分布上来看，来自华北地区、东北地区、华东地区、华中地区、华南地区、西南地区、西北地区的企业的占比分别为 16%、0.9%、43.8%、3.4%、2.8%、2.8%、11.1%。此外，四个直辖市北京、上海、天津和重庆的调查企业分别占比为 8.0%、6.8%、0.6% 和 0.6%。由此可见，参与调研的企业几乎包含了我国所有地区、企业所有制性质和行业类型，因此它们可以代表我国企业实施业财融合的现状，有助于本研究目的的顺利实现。

4.4 测量模型的总体检验

衡量本书的研究框架总体性的指标有效度（Validity）和信度（Reliability）指标。我们首先检验了聚合效度（Covergent validity）和区分效度（Discriminate validity），然后检验了量表的信度，结果见表 4.6。

表 4.6 测量模型的效度和信度检验（$N=226$）

主要变量	平均方差提取值	合成信度	R^2	Cronbach's α	区间分值	平均方差提取值平方根
企业高层的支持	0.732	0.916	—	0.877	0.732	0.856
相关绩效制度	0.783	0.878	—	0.724	0.783	0.885
资源因素	0.706	0.878	—	0.794	0.706	0.840
信息技术因素	0.705	0.877	—	0.791	0.705	0.840
业财融合程度	0.514	0.879	0.246	0.842	0.514	0.717
财务业绩	0.748	0.881	0.377	0.831	0.712	0.865
员工业绩	0.771	0.910	0.135	0.852	0.771	0.878
内部流程业绩	0.703	0.876	0.167	0.792	0.640	0.838
市场业绩	0.716	0.883	0.134	0.802	0.716	0.846

4.4.1 效度检验

在本书中，我们用来衡量效度的指标为载荷因子（Factor loading）大于 0.6（Hair 等，2014）、合成信度（Composite reliability）不低于 0.6（Hair 等，2014）、区间分值（Communality score）大于 0.5（Hair 等，2013），以及平均方差提取值（Average Variance Extracted，AVE）大于 0.5（Fornell 和 Laker，1981）。表 4.7 显示了主要题项的载荷因子。从表中可以看出，除

题项融资决策（0.562）、成本管理决策（0.569）和战略性税收管理决策（0.588）外，其余题项的载荷因子都在0.6以上。因此，题项融资决策、成本管理决策和战略性税收管理决策将被排除在数据分析以外。

表4.7 主要题项的载荷因子（$N=226$）

变量名	题项	载荷因子
业财融合程度	融资决策	0.562
	战略目标决策	0.736
	投资并购决策	0.737
	项目管理决策	0.704
	定价决策	0.658
	成本管理决策	0.569
	全面预算决策	0.606
	风险管理决策	0.722
	战略性税收管理决策	0.588
	经营过程管理决策	0.710
	业绩管理决策	0.609
企业高层的支持	积极支持业财融合	0.816
	加强对相关人员的培训	0.871
	建立了有效的沟通机制	0.910
	举办各种技能培训	0.820
相关绩效制度	相关绩效制度来推动业财融合	0.898
	能够反映业务情况的评价体系	0.871
资源因素	员工必要的技能	0.815
	财务人员对公司业务的了解	0.838
	财务人员对业财融合具体要求的理解	0.866
信息技术因素	业务数据和财务数据共享	0.889
	及时提供业财融合所需要的信息	0.868
	确保业务和财务数据准确性	0.753
财务业绩	成本控制的实现程度	0.830
	销售量的实现程度	0.892
	利润的实现程度	0.871

续表4.7

变量名	题项	载荷因子
员工业绩	员工满意度的实现程度	0.895
	员工执行力的实现程度	0.845
	员工技能的实现程度	0.895
内部流程业绩	服务或产品质量的实现程度	0.852
	送货速度的实现程度	0.850
	推出新产品或服务的实现程度	0.810
市场业绩	客户满意度的实现程度	0.817
	市场份额的实现程度	0.897
	新客户的实现程度	0.821

此外，表4.6显示了主要变量的合成信度（Composite reliability）、区间分值（Communality score），以及平均方差提取值（AVE）分别介于0.877至0.916、0.514至0.783和0.514到0.783之间，可见问卷的聚合效度可以得到最大限度的保证。

关于区分效度，Fornell和Larker（1981）建议问卷的区分效度（Discriminant validity）可以比较平均方差提取值（AVE）的平方根的值与主要变量之间的相关系数（Correlation coefficient），如果AVE的平方根的值大于主要变量之间的相关系数，则说明问卷中各变量的区分效度较好。此外，为达到良好的区分效度，主要变量之间的相关系数还需要小于相对应的克朗巴赫系数（Cronbach's α）。表4.6和表4.8显示了主要变量之间的相关系数均小于相对应的克朗巴赫系数（Cronbach's α），因此，问卷有较好的区分效度。

表4.8 相关系数和区分效度的检验（$N=226$）

主要变量	企业高层的支持	相关绩效制度	资源因素	信息技术因素	业财融合程度	员工业绩	内部流程业绩	市场业绩	财务业绩
企业高层的支持	1								
相关绩效制度	0.726**	1							
资源因素	0.700**	0.587**	1						
信息技术因素	0.748**	0.732**	0.730**	1					

续表4.8

主要变量	企业高层的支持	相关绩效制度	资源因素	信息技术因素	业财融合程度	员工业绩	内部流程业绩	市场业绩	财务业绩
业财融合程度	0.482**	0.425**	0.362**	0.411**	1				
员工业绩	0.419**	0.365**	0.385**	0.437**	0.367**	1			
内部流程业绩	0.347**	0.329**	0.264**	0.338**	0.408**	0.513**	1		
市场业绩	0.277**	0.339**	0.198**	0.309**	0.366**	0.469**	0.731**	1	
财务业绩	0.218**	0.341**	0.070	0.220**	0.365**	0.362**	0.458**	0.628**	1

注：** 表示显著度在0.05的水平。

4.4.2 信度检验

我们应用克朗巴赫系数（Cronbach's α）来检验量表的信度。克朗巴赫系数的取值为0到1，其值越接近1，表明量表间的内在一致性（Internal consistency）就越高，反之则越低。我们的研究采用Nunnally（1978）的标准。Nunnally（1978）指出，克朗巴赫系数应该大于0.6，若该系数小于0.6，则认为量表的信度较低，一些题项将会被删除，这样才能让总体题项的信度达到可接受的水平。

表4.6还显示了所有变量题项的克朗巴赫系数（Cronbach's α）介于0.724到0.877之间，且均超过了Nunnally（1978）建议的0.6的标准，说明问卷中量表的信度总体上来说是可接受的。

4.4.3 相关性检验

在本书中，主要变量均为连续性变量（Continuous），因此我们也对主要变量之间的相关系数进行了测试。相关系数的取值为-1~+1，正值表示两个变量正向相关，反之则负向相关。此外，相关系数越接近1表明其相关程度就越强，越接近0则表明其相关程度就越弱。

表4.8显示了被解释变量业财融合程度与解释变量，如企业高层的支持、相关绩效制度、资源因素和信息技术因素的相关系数（Correlation efficient）分别为0.482、0.425、0.362和0.411，且显著度均小于0.05。这表明业财融合程度与解释变量，如企业高层的支持、相关绩效制度、资源因素和信息技术因素都是正向且显著相关。因此，这为本书的研究假设H1到H4的检验提供了前期支持。

表4.8还显示了业财融合程度与财务业绩、员工业绩、内部流程业绩和市场业绩的相关系数分别为0.365、0.367、0.408和0.366，且显著度均小于0.05。这表明业财融合程度与企业的财务业绩、员工业绩、内部流程业绩和市场业绩也都是正向且显著相关。因此，相关性检验也为假设H5到H7的检验提供了前期支持。

Pallant（2001）指出，多重共线性的出现说明解释变量之间的相关系数在0.900以上，良好的回归模型不应出现多重共线性的情况。他还建议，多重共线性问题的检验应该在回归直线分析前进行。表4.6显示了各主要变量之间的相关系数介于0.198和0.748之间，可见主要变量之间完全不存在多重共线性问题，回归检验可以顺利进行。

4.5 描述性统计和频率性统计

我们对本书中的主要变量，如业财融合程度、企业高层的支持、相关绩效制度、资源因素、信息技术因素、财务业绩和非财务业绩进行了描述性统计分析，同时对变量的题项进行了频率性统计，其目的在于了解样本企业中业财融合和实施现状、企业业绩的实现程度和影响业财融合实施的主要因素。

4.5.1 描述性统计

表4.9反映了样本企业业财融合的实施程度和企业业绩的实现程度。业财融合实施程度的平均值为3.782，表明财务人员对企业经营活动和决策中有了一定的了解，也有了一定程度的参与权，但依然没有话语权，也没有决策权，因此样本企业业务和财务一体化的程度并不高。企业高层的支持、相关绩效制度、资源因素和信息技术因素的均值分别为3.624、3.719、3.760和3.485，表明在样本企业中，企业高层对业财融合的支持力度不够、现有绩效制度对财务人员参与企业前端决策的激励程度还不够、现有员工的能力还不能完全符合业财融合的要求，以及信息技术还不能完全支持业财融合的实施。

表 4.9 主要变量的描述性统计（N=226）

主要变量	均值	标准差	最大值	最小值
企业高层的支持	3.624	0.953	5	1
相关绩效制度	3.719	0.909	5	1
资源因素	3.760	0.892	5	1
信息技术因素	3.485	0.978	5	1
业财融合程度	3.782	0.984	5	1
财务业绩	3.382	0.765	5	1
员工业绩	3.058	0.628	5	1
内部流程业绩	2.972	0.887	5	1
市场业绩	3.084	0.796	5	1

在企业业绩方面，财务业绩、员工业绩、内部流程业绩和市场业绩的均值分别为3.382、3.058、2.972和3.084，表明企业的财务业绩和非财务业绩的实现程度均不是很高，其中内部流程业绩的实现程度还较低。这也是本书需要调查的问题：企业业绩（包括财务业绩和非财务业绩）是否可由业财融合程度来解释？样本企业业财融合的实施程度并不高，什么是影响其成功实施的主要因素？是企业高层对业财融合的支持力度不够强？是现有绩效制度对财务人员参与企业前端决策的激励程度不高？是有员工的能力不能完全符合业财融合的要求？还是信息技术不能完全支持业财融合的实施？

4.5.2 频率性统计

4.5.2.1 样本企业业财融合的现状

衡量样本企业业财融合现状的题项是主要来自CGMA（2018）对管理会计能力和管理的四大职能的划分，其目的在于测试样本企业在战略目标、投资并购、项目管理、定价、全面预算、风险管理、经营过程管理和业绩管理等决策的制定和执行过程中财务人员的参与程度。这些题项的取值从1（不参与决策且不了解）到5（参与决策且有话语权），该值越大，说明样本企业在这一方面业财融合的实施程度就越高，反之则越低。调查结果见表4.10。

表 4.10 样本企业业财融合现状（$N=226$）

题项	不参与决策且不了解 1	不参与决策但基本了解 2	中等 3	参与决策但没有话语权 4	参与决策且有话语权 5
财务人员是否参与战略目标决策	8.8%	11.9%	15.9%	28.8%	34.5%
财务人员是否参与投资并购决策	11.5%	8.4%	12.4%	24.3%	43.4%
财务人员是否参与项目管理决策	8.0%	8.0%	19.5%	20.4%	44.2%
财务人员是否参与定价决策	15.5%	15.0%	17.3%	21.7%	30.5%
财务人员是否参与全面预算决策	10.2%	6.2%	16.8%	16.8%	50.0%
财务人员你是否参与风险管理决策	6.2%	6.6%	19.0%	22.1%	46.0%
财务人员是否参与经营过程管理决策	10.6%	13.3%	22.1%	25.7%	28.3%
财务人员是否参与业绩管理决策	6.2%	13.7%	21.2%	21.2%	37.6%

在样本企业的决策中，财务人员参与度最高的是投资并购决策、全面预算决策和风险管理决策。在投资并购决策中，财务人员参与决策的样本企业比例达 67.7%，其中有 43.4% 的样本企业的财务人员有话语权。在全面预算决策中，财务人员参与决策的样本企业比例达 66.8%，其中有 50.0% 的样本企业表示在全面预算的制定上，如采购预算、销售预算和人工预算，财务人员不仅有参与权也有话语权，有 16.8% 的样本企业的财务人员有参与权但无话语权。在风险管理决策中，财务人员参与决策的样本企业比例达 68.1%，其中有 46.0% 的样本企业的财务人员不仅有参与权也有话语权，有 22.1% 的样本企业的财务人员有参与权但无话语权。

此外，在战略目标决策、项目管理决策、定价决策、经营过程管理决策和业绩管理决策方面，分别有 63.3%、64.6%、52.2%、54.0% 和 58.8% 的样本企业的财务人员参与到决策中，然而有话语权的样本企业分别为 34.5%、44.2%、30.5%、28.3% 和 37.6%。可见，样本企业中的财务人员对企业的各种经营决策有一定的参与权，但有话语权的样本企业占比还不高。

另外，本书也调研了在样本企业中实施业财融合的最大困难这一问题。有60.2%的样本企业认为是业务部门和财务部门目标不一致，业务部门认为财务部门过多地关注了风险控制，极大地束缚了业务部门开展工作；20.4%的样本企业认为是业务数据和财务数据不能共享，"信息孤岛"现象严重，这导致财务部门只能提供历史数据，对业务过程几乎没有指导，也造成存在着不少风险隐患；9.2%的样本企业认为是绩效制度的不到位，这导致财务人员没有参与业财融合的热情；9.2%的样本企业认为财务人员仅仅关注自己的职责，而对参与前端业务并无热情，这导致业财融合不能达到预期的效果。

4.5.2.2 影响样本企业业财融合现状的主要因素

我们将从企业高层的支持、相关绩效制度、资源因素和信息技术因素几个方面调研在样本企业中影响业财融合现状的主要因素。

第一，企业高层的支持。企业高层的支持的题项设计借鉴了 Shields (1995) 关于企业高层对管理会计工具/控制系统和陈虎等 (2010) 关于企业高层在业财融合中应有的作用的观点。他们都认为，企业高层需要加强对相关人员的培训，建立有效的沟通机制和举办各种技能培训，以确保管理会计工具/控制系统，也包括业财融合的成功实施。该题项的取值从1（完全不同意）到5（完全同意），该值越高，说明企业高层对业财融合的支持力度就越大，反之则越小。

表4.11所示的调研结果显示，仅有30.1%的企业高层积极支持业财融合的实施，如对系统信息系统升级、对外部咨询机构的聘请和对业财融合的投入；21.2%的企业高层加强了对相关人员的培训（对财务人员的业务培训和对业务人员的财务培训）；23.5%的企业高层建立了财务部门和业务部门的沟通机制（鼓励业务部门和财务部门展开交流合作）；19.5%的企业高层经常举办与业财融合相关的技能培训。可见，在样本企业中，企业高层对业财融合的支持程度还非常有限，其原因可能是企业高层对财务人员支持决策职能的认识还存在不足。

表4.11 企业高层的支持（N=226）

题项	完全不同意	不同意	中等	同意	完全同意
	1	2	3	4	5
企业高层积极支持业财融合	5.3%	6.2%	23.0%	35.4%	30.1%

续表4.11

题项	完全不同意 1	不同意 2	中等 3	同意 4	完全同意 5
企业高层加强了对相关人员的培训	6.2%	11.9%	22.6%	38.1%	21.2%
企业高层建立了财务部门和业务部门的沟通机制	4.4%	8.8%	23.0%	40.3%	23.5%
企业高层经常举办与业务融合相关的技能培训	7.5%	13.3%	25.2%	34.5%	19.5%

第二，相关绩效制度。相关绩效制度的题项设计借鉴了Baird等（2007）、Foster等（1997）、Shields（1995）以及王学璨等（2016）关于管理会计工具/控制系统和业财融合下绩效制度设置的论述等。该题项的取值从1（完全不同意）到5（完全同意），该值越高，说明企业的绩效制度对业财融合的激励程度就越大，反之则越小。

表4.12所示的调研结果显示，具备相关绩效制度来推动业财融合实施的样本企业还不多（20.8%），说明大多数样本企业缺乏一套绩效制度来推动业财融合的实施。此外，仅有26.5%的样本企业具备反映业务情况的评价体系，即样本企业的绩效指标体系还不全面，过分强调业务或财务指标，不能激发财务人员主动参加前端业务的热情，也不能激发业务人员与财务人员合作的热情，这也明显影响了业财融合的效果。

表4.12 相关绩效制度（$N=226$）

题项	完全不同意 1	不同意 2	中等 3	同意 4	完全同意 5
企业是否有相关绩效制度来推动业财融合的实施	4.4%	11.1%	25.2%	38.5%	20.8%
企业是否有反映业务情况的评价体系	2.7%	6.6%	21.7%	42.5%	26.5%

第三，资源因素。资源因素是用来衡量被调查企业是否具有充足的符合实施业财融合要求的员工，其题项设计借鉴了Anderson等（1999）、陈虎和孙苗（2010）以及束青（2014）关于管理会计工具/控制系统和业财融合对员工能力要求的论述等。该题项的取值从1（完全不同意）到5（完全同意），该值越高，说明员工越具备实施业财融合的必要技能。

表4.13所示的调研数据显示,仅有29.2%的企业的员工具备实施业财融合的必要技能,如沟通能力和分析问题能力等;仅有27.4%的企业的财务人员了解企业业务,如主要供应商、销售客户等;仅有31.0%的样本企业的财务人员理解业财融合的具体要求。这表明多数样本企业的员工还缺乏实施业财融合的必要技能。因此,样本企业的员工还不完全具备相关能力来确保业财融合的成功实施。

表4.13 资源因素（N=226）

题项	完全不同意 1	不同意 2	中等 3	同意 4	完全同意 5
员工具备实施业财融合的必要技能	2.2%	14.6%	27.9%	26.1%	29.2%
财务人员了解企业业务	2.2%	9.3%	27.0%	34.1%	27.4%
财务人员理解业财融合的具体要求	4.0%	4.9%	22.1%	38.1%	31.0%

第四,信息技术因素。信息技术因素的题项设计借鉴了Shields（1995）、易宜红（2013）和束青（2014）提出的在业财融合中对企业信息技术的要求。问卷填写人员需要回答在各自企业中业务数据和财务数据是否能共享,是否能及时提供业财融合所需的信息,以及是否能确保业财融合所需信息的准确性。该题项的取值从1（完全不同意）到5（完全同意）,该值越高,说明信息技术越支持业财融合的实施。

表4.14所示的调研结果显示,业务数据和财务数据能共享,即业务数据可自动生成财务数据,财务数据也可以追溯到业务数据的样本企业仅为31.9%;仅有18.1%的样本企业能及时提供业财融合所需的信息;只有19.0%的样本企业能确保业财融合所需的准确性。可见,样本企业的信息技术不能完全支持业财融合的实施。

表4.14 信息技术因素（N=226）

题项	完全不同意 1	不同意 2	中等 3	同意 4	完全同意 5
业务数据和财务数据是否能共享	6.6%	16.4%	18.1%	27.0%	31.9%
能及时提供业财融合所需的信息	6.6%	18.6%	30.5%	26.1%	18.1%

续表4.14

题项	完全不同意 1	不同意 2	中等 3	同意 4	完全同意 5
能确保业财融合所需信息的准确性	4.0%	11.9%	29.2%	35.8%	19.0%

第五，企业业绩的实现程度。我们借鉴了Mia等（1999）和Kallunki等（2011）对业绩的题项，问卷填写人员需要注明成本控制、销售量、利润、客户满意度、市场份额、服务或产品质量、新客户、送货速度、推出新产品或服务，以及员工满意度、执行力、技能的实现程度。该题项的取值从1（完全没有实现）到5（实现程度很高），该值越高，说明企业业绩就越好，反之则越差。

表4.15所示的调研结果显示，样本企业财务业绩的实现程度不是很高，仅有9.3%、13.3%和15.9%的样本企业实现了成本控制目标、销售量目标和利润目标。在非财务业绩方面，样本企业业绩的实现程度则更低。其中，服务或产品质量的实现程度最高，但也仅有6.2%，然后为客户满意度的实现程度（4.9%）和市场份额的实现程度（4.0%）。员工技能的实现程度最低，仅占0.9%，然后为员工满意度和新客户的实现程度，占比均仅为1.3%。

表4.15 企业业绩的实现程度（$N=226$）

题项	完全没有实现 1	实现程度很低 2	中等 3	有一定的实现 4	实现程度很高 5
成本控制的实现程度	6.6%	11.1%	39.8%	33.2%	9.3%
销售量的实现程度	8.8%	6.2%	30.5%	41.2%	13.3%
利润的实现程度	6.2%	9.7%	34.5%	33.6%	15.9%
客户满意度的实现程度	8.8%	6.2%	46.5%	33.6%	4.9%
市场份额的实现程度	9.3%	9.7%	46.9%	30.1%	4.0%
服务或产品质量的实现程度	8.8%	7.1%	42.5%	35.4%	6.2%
新客户的实现程度	10.6%	9.7%	54.0%	24.3%	1.3%
送货速度的实现程度	18.1%	5.3%	42.0%	31.4%	3.1%
推出新产品或服务的实现程度	20.4%	10.6%	47.8%	18.6%	2.7%
员工满意度的实现程度	6.6%	11.1%	59.3%	21.7%	1.3%

续表4.15

题项	完全没有实现	实现程度很低	中等	有一定的实现	实现程度很高
	1	2	3	4	5
员工执行力的实现程度	3.5%	15.0%	51.3%	28.3%	1.8%
员工技能的实现程度	2.7%	12.8%	59.7%	23.9%	0.9%

综上所述,我们对226家企业的调研结论显示,首先,样本企业的业务和财务在战略目标、投资并购、定价、全面预算、风险管理、项目管理、经营过程管理和业绩管理等方面决策的融合程度还不是很高,财务人员有一定的参与权,但话语权很小。其次,在样本企业中,企业高层对业财融合的支持不够、现有绩效制度对财务人员参加企业前端业务决策的激励不够、符合业财融合要求的员工在数量上还偏少,以及信息技术还不能完全支持业财融合的成功实施。最后,样本企业的业绩并不理想,仅有少部分实现了企业业绩。

4.6　研究假设检验结果

我们应用Bootstrapping来检验在第2章中提出的研究假设,其被认为是检验员工业绩、内部流程业绩和市场业绩是否对业财融合程度与财务业绩之间有中介作用的最有效方法(Ribau等,2017;Hair等,2014)。

4.6.1　影响因素对业财融合程度的影响

我们检验了企业高层的支持、相关绩效制度、资源因素和信息技术因素是否对业财融合程度有显著的影响,相关的假设如下。

H1:企业高层的支持会对业财融合程度产生正向且显著的影响。

H2:与业财融合实施相关的绩效制度会对业财融合程度产生正向且显著的影响。

H3:丰富的资源,尤其是具备业财融合技能的员工会对业财融合程度产生正向且显著的影响。

H4:信息技术因素会对业财融合程度产生正向且显著的影响。

我们应用的其中一个指标检测是R^2,即决定系数(Coefficient of determination)。Hair等(2006)强调R^2可以用来衡量研究中所有的解释变量,能够解释百分之几的被解释变量的变异量,其取值为0到1,该值越高,说明解释变量能够解释被解释变量的变异量的比例就越高，被解释变量的选择就越准确。表4.6的结果表明，业财融合程度、财务业绩、员工业绩、内部流程业绩和市场业绩 R^2 的值分别为0.246、0.377、0.135、0.167和0.134，说明企业高层的支持、相关绩效制度、资源因素和信息技术因素总共可以解释24.6%业财融合程度的变异量，而业财融合程度可以解释13.5%员工业绩的变异量、16.7%内部流程业绩的变异量和13.4%市场业绩的变异量。同时结果还表明，业财融合程度、非财务业绩一共可以解释财务业绩中42.0%的变异量。

表4.16归纳了主要解释变量和被解释变量之间的路径系数（Path coefficient）和显著度（T值）。其中，路径系数反映了变量之间的关系的方向和强弱；T值反映了变量之间是否存在显著的影响关系，如T值在1.96以上，则表明变量之间存在显著的影响关系（Hair等，2013）。图4.1为路径系数的检验结果。

表4.16　PLS路径系数和显著度（N=226）

变量关系	路径系数	T值	变量关系	路径系数	T值
企业高层的支持→业财融合程度	0.339	1.966	相关绩效制度→业财融合程度	0.145	0.956
资源因素→业财融合程度	0.060	0.056	信息技术因素→业财融合程度	0.050	0.315
业财融合程度→财务业绩	0.165	1.575	业财融合程度→员工业绩	0.375	3.715
业财融合程度→内部流程业绩	0.396	4.147	业财融合程度→市场业绩	0.375	3.561
员工业绩→财务业绩	0.059	0.488	内部流程业绩→财务业绩	−0.071	0.477
市场业绩→财务业绩	0.593	4.134	企业所有制结构→业财融合程度	0.053	0.492
行业类型→业财融合程度	0.049	0.486	企业规模→业财融合程度	0.053	0.087

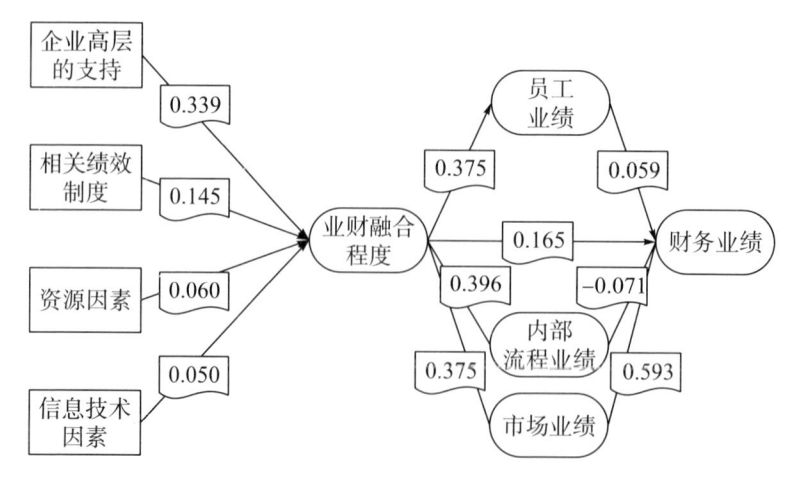

图 4.1 路径系数的检验结果

表 4.16 显示，企业高层的支持对业财融合程度的路径系数和 T 值分别为 0.339 和 1.966（大于 1.96），表明在样本企业中，企业高层的支持对业财融合程度的影响是正向且显著的，即企业高层对业财融合实施的支持力度越大，财务人员参与企业前端业务决策的程度就越高，反之则越低。因此，假设 H1 是成立的。

相关绩效制度对业财融合程度的路径系数和 T 值分别为 0.145 和 0.956，表明在样本企业中，相关绩效制度对业财融合程度的影响是正向且不显著的。资源因素对业财融合程度的路径系数和 T 值分别为 0.060 和 0.056，表明在样本企业中，资源因素对业财融合程度的影响是负向且不显著的。信息技术因素对业财融合程度的路径系数和 T 值分别为 0.050 和 0.315，表明在样本企业中，信息技术因素对业财融合程度的影响是负向且显著的。因此，假设 H2、H3 和 H4 都是不成立的。

此外，表 4.16 还显示，本书的主要控制变量，即企业所有制性质、企业行业类型和企业规模对业财融合程度并无显著影响，控制变量的作用不显著。

4.6.2 业财融合程度对企业业绩的影响

我们检验了业财融合是否对样本企业的财务业绩、员工业绩、内部流程业绩和市场业绩有正向且显著的影响，相关的假设如下。

H5：业财融合的实施程度越高，企业的财务业绩实现的程度就越高。

H6a：业财融合的实施程度越高，企业的员工业绩实现的程度就越高。

H6b：业财融合的实施程度越高，企业的内部流程业绩实现的程度就越高。

H6c：业财融合的实施程度越高，企业的市场业绩实现的程度就越高。

表 4.16 显示，业财融合程度对财务业绩的路径系数和 T 值分别为 0.083 和 1.575，表明在样本企业中，业财融合程度对财务业绩没有显著的影响，即业财融合程度的高低，都不能导致财务业绩的实现程度。因此，假设 H5 是不成立的。

业财融合程度对员工业绩、内部流程业绩和市场业绩的路径系数分别为 0.267、0.416 和 0.554，T 值分别为 3.715、4.147 和 3.561，表明在样本企业中，业财融合程度对员工业绩、内部流程业绩和市场业绩都有正向且显著的影响，即业财融合程度越高，员工业绩（员工满意度、员工执行力、员工技能等）、内部流程业绩（产品质量、送货速度等）和市场业绩（客户满意度、市场份额、新客户等）的实现程度就越高，反之则越低。因此，假设 H6a－H6c 是成立的。

4.6.3　非财务业绩对财务业绩的影响

我们检验了在样本企业中非财务业绩，即员工业绩的实现程度、内部流程业绩的实现程度和市场业绩的实现程度对财务业绩的实现程度的影响，相关的假设如下。

假设 H7a：企业员工业绩的实现程度对财务业绩的实现程度有正向且显著的影响。

假设 H7b：企业内部流程业绩的实现程度对财务业绩的实现程度有正向且显著的影响。

假设 H7c：企业市场业绩的实现程度对财务业绩的实现程度有正向且显著的影响。

表 4.16 显示，市场业绩对财务业绩的路径系数和 T 值分别为 0.593 和 4.134，表明在样本企业中，市场业绩的实现程度对财务业绩的实现程度有正向且显著的影响，即市场业绩的实现程度越高，如客户满意度、市场份额和新客户等，财务业绩的实现程度也就越高，反之则越低。因此，假设 H7c 是成立的。

员工业绩和内部流程业绩对财务业绩的路径系数分别为 0.059 和 0.412，T 值分别为 0.488 和 0.477，表明在样本企业中，员工业绩和内部流程业绩的实现程度对财务业绩的实现程度并无直接关联。因此，假设 H7a 和 H7b 是不成立的。

4.6.4　非财务业绩的中介作用

我们检验了非财务业绩的中介作用，即样本企业的非财务业绩，如员工业绩、内部流程业绩和市场业绩对业财融合程度与财务业绩的关系是否有中介作用，相关的假设如下。

假设 H8a：员工业绩对业财融合程度与财务业绩的关系有中介作用。

假设 H8b：内部流程业绩对业财融合程度与财务业绩的关系有中介作用。

假设 H8c：市场业绩对业财融合程度与财务业绩的关系有中介作用。

中介作用的检验结果见表 4.17。

表 4.17 中介作用的检验（N=226）

路径	直接影响	间接影响	总影响
业财融合程度→员工业绩	0.375	—	0.375
业财融合程度→内部流程业绩	0.396	—	0.396
业财融合程度→市场业绩	0.362	—	0.362
业财融合程度→员工业绩→财务业绩	0.165	0.010	0.175
业财融合程度→内部流程业绩→财务业绩	0.165	−0.011	0.154
业财融合程度→市场流程业绩→财务业绩	0.165	0.098	0.263

Hair 等（2006，2014）提出中介作用需要满足以下条件：第一，解释变量和中介变量需要显著相关；第二，中介变量和被解释变量需要显著相关；第三，如果解释变量和被解释变量完全不显著，则表明中介变量具有完全的中介作用，否则中介变量只起到了部分中介作用。表 4.17 所示的数据显示，在样本企业中，员工业绩和内部流程业绩对财务业绩并没有显著的影响。因此，根据 Hair 等（2006，2014）的建议，员工业绩和内部流程业绩对业财融合程度与财务业绩的关系没有中介作用。因此，假设 H8b 和 H8c 是不成立的。

Hair 等（2006）还建议，检验中介作用的方法可以参考间接影响的数值。如果间接影响的值大于 0.08，则说明中介作用是成立的。表 5.17 显示，员工业绩、内部流程业绩和市场业绩对财务业绩的间接影响分别为 0.010、−0.011 和 0.098，表明在样本企业中，员工业绩、内部流程业绩对业财融合程度与财务业绩的关系没有中介作用，仅市场业绩有中介作用。

为进一步检验非财务业绩的中介作用，我们还采用了 Hair 等（2014）和 Ribau 等（2017）建议的方差贡献率（Variance Accounted For，VAF）方法。VAF 的计算方法是用路径之间的间接影响除以总影响。在本书中，员工业绩、内部流程业绩和市场业绩对财务业绩的 VAF 值分别为 5.71%、−7.1%

和 37.2%。

综上所述，在非财务业绩中，仅有市场业绩对业财融合程度与财务业绩的关系有中介作用，表明业财融合程度越高，市场业绩的实现程度就越高，并最终使得财务业绩的实现程度越高。因此，假设 H8c 成立，而 H8a 和 H8b 则不成立。

4.7 多重共线性的检验

为进一步检验多元直线回归结果的有效性，本书也进行了多重共线性检验。吴明隆（2017）总结了检验共线性的指标为方差膨胀因素（Variance Inflation Factor，VIF）大于 10、容忍度（TOL 值）小于 0.1、特征值（Eigenvalue）小于 0.01，以及条件指标（Condition Index，CI）大于 30。表 4.18 归纳了多重共线性的检验结果。

表 4.18　多重共线性的检验（$N=226$）

变量名称	特征值	方差膨胀因素	条件指标	容忍度
企业高层的支持	0.042	3.219	10.853	0.311
相关绩效制度	0.023	2.521	14.753	0.397
资源因素	0.012	2.559	20.152	0.391
信息技术因素	0.017	3.204	16.995	0.312
员工业绩	0.018	1.405	14.713	0.712
内部流程业绩	0.047	2.301	9.106	0.435
市场业绩	0.024	2.718	12.795	0.459
财务业绩	—	—	—	—

表 4.18 所示的检验结果显示，主要变量的特征值，如企业高层的支持、相关绩效制度、资源因素、信息技术因素、员工业绩、内部流程业绩和市场业绩的特征值分别为 0.042、0.023、0.012、0.017、0.018、0.047 和 0.024，方差膨胀因素分别为 3.219、2.521、2.559、3.204、1.405、2.301 和 2.718，条件指标分别为 10.853、14.753、20.152、16.995、14.713、9.106 和 12.795，容忍度分别为 0.311、0.397、0.391、0.312、0.712、0.435 和 0.439，这充分表明多元回归直线中没有存在多重共线性的问题，回归分析的

结果非常可靠。

4.8 本章小结

本章主要介绍了问卷中数据分析的主要结果。数据显示：第一，在226家样本企业中，业财融合程度并不是很高；第二，造成业财融合程度不高的原因可能有企业高层对业财融合的支持力度还不够、现有绩效制度与业财融合的联系还不是很紧密、员工的能力还不能完全满足业财融合的需要，以及信息技术还不能完全支持业财融合的实施；第三，在所有可能影响业财融合程度的因素中，仅有企业高层的支持对业财融合有正向且显著的影响；第四，业财融合程度对员工业绩、内部流程业绩、市场业绩的实现程度有正向且显著的影响，然而对财务业绩的实现程度却没有显著的影响；第五，在非财务业绩指标中，仅有市场业绩的实现程度对财务业绩的实现程度有正向且显著的影响；第六，在非财务业绩指标中，仅有市场业绩对业财融合程度与财务业绩的关系有中介作用。表4.19归纳了主要研究假设的检验结果。

表 4.19 主要研究假设的检验结果

研究假设	检验结果
假设 H1：企业高层的支持会对业财融合程度产生正向且显著的影响。	成立
假设 H2：与业财融合实施相关的绩效制度会对业财的融合程度产生正向且显著的影响。	不成立
假设 H3：丰富的资源，尤其是具备业财融合技能的员工会对业财融合程度产生正向且显著的影响。	不成立
假设 H4：信息技术因素会对业财融合程度产生正向且显著的影响。	不成立
假设 H5：业财融合的实施程度越高，企业的财务业绩实现的程度就越高。	不成立
假设 H6a：业财融合的实施程度越高，企业的员工业绩实现的程度就越高。	成立
假设 H6b：业财融合的实施程度越高，企业的内部流程业绩实现的程度就越高	成立
假设 H6c：业财融合的实施程度越高，企业的市场业绩实现的程度就越高。	成立
假设 H7a：企业员工业绩的实现程度对财务业绩的实现程度有正向且显著的影响。	不成立
假设 H7b：企业内部流程业绩的实现程度对财务业绩的实现程度有正向且显著的影响。	不成立

4 数据分析结果与讨论

续表4.19

研究假设	检验结果
假设H7c：企业市场业绩的实现程度对财务业绩的实现程度有正向且显著的影响。	成立
假设H8a：员工业绩对业财融合程度与财务业绩的关系有中介作用。	不成立
假设H8b：内部流程业绩对业财融合程度与财务业绩的关系有中介作用。	不成立
假设H8c：市场业绩对业财融合程度与财务业绩的关系有中介作用。	成立

5 结论与建议

本章首先全面总结了第 4 章中数据分析的结果,特别是研究假设的检验结果。接着,我们对研究假设的检验结果进行了讨论,并得出了相关的结论。最后,我们也指出了本书的局限性和对未来研究的建议。

5.1 研究结论总结

在本书中,我们的研究内容可以归纳为构建业财融合的指标体系,调查业财在我国企业的融合程度和可能原因,检验影响业财融合程度的主要因素,检验业财融合程度对企业业绩(包括财务业绩和非财务业绩)的影响,非财务业绩对财务业绩的影响,以及非财务业绩的中介作用等。

5.1.1 什么是业财融合

在借鉴 CGMA(2018)和 GMAP(2016)的基础上,我们将业财融合定义为财务部门参与企业各种各样的决策当中,如定价、成本管理、项目管理、全面预算、业绩管理、融资、投资并购、战略性税收管理、经营过程管理、战略目标和风险管理等决策。

财务部门如果没有参与这些决策中,即财务人员对这些决策不参与且不了解,则说明业务和财务没有实现融合;反之,如果财务人员对这些决策是"有参与权且有话语权",则说明财务人员参与企业前端决策的程度就越高,业财融合程度也就越高。

5.1.2 业财融合在我国的实施现状

首先,我们应用 SPSS 22 版对业财融合的总体程度进行了描述性统计。业财融合程度的均值和标准差分别为 3.782 和 0.984,说明业务和财务在企业的融合程度仅仅是"中等",财务人员对企业的前端决策有一定的参与度,但是话语权还不强,业财融合程度并不高。

其次,我们应用 SPSS 22 版对业财融合的主要题项进行了频率性统计,结果显示,在样本企业的决策中,如战略目标决策、投资并购决策、项目管理决策、定价决策、全面预算决策、风险管理决策、经营过程管理决策和业绩管理决策中具有话语权的占比分别为 34.5%、43.4%、44.2%、30.5%、50.0%、46.0%、28.3%和 37.5%。可见,在样本企业中,财务人员在企业经营决策中有话语权的企业占比还不够,业财融合程度还不够高,还需进一步加强。

最后,我们的研究结论验证了 Graham 等(2012)和郭永清(2016)的研究,他们都认为财务人员的角色和任务正在发生转变,主要从"记账员"到"决策支持者"的转变,然而这种转变还没有完全完成,这导致业财融合程度还不是很高。

5.1.3 造成业财融合现状的可能原因

我们应用 SPSS 22 版对影响业财融合实施程度的可能因素描述性统计,结果显示,企业高层的支持、相关绩效制度、资源因素和信息技术因素的均值分别为 3.624、3.719、3.760 和 3.485,而标准差分别为 0.953、0.909、0.892 和 0.978,表明在样本企业中,企业高层对业财融合的支持力度还不够、现有绩效制度与业财融合的联系还不是很紧密、员工的能力还不能完全满足业财融合的要求,以及信息技术还不能完全支持业财融合的实施。

此外,频率性统计结果表明,仅有 30.1%的样本企业的企业高层大力支持业财融合的实施,如对系统信息系统升级、对外部咨询机构的聘请和对业财融合的投入。

在相关绩效制度方面,仅有 26.5%的样本企业具备反映业务情况的评价体系,即样本企业绩效指标体系还不全面,过多地强调业务或财务指标,不能激发财务人员主动参与企业前端业务的热情,也不能激发业务人员与财务人员合作的热情,这也明显影响了业财融合的效果。

在资源因素方面,仅有 29.2%样本企业的员工具备实施业财融合的必要技能,表明多数样本企业的员工还缺乏实施业财融合的必要技能。因此,我们认为,样本企业现有员工还不完全具备相关能力来确保业财融合的成功实施。

在信息技术因素方面,业务数据和财务数据能共享,即业务数据可自动生成财务数据,财务数据也可以追溯到业务数据的样本企业仅为 31.9%;仅有 18.1%的样本企业能及时提供业财融合所需的信息;只有 19.0%的样本企业能确保业财融合所需信息的准确性。可见，样本企业的信息技术不能完全支持业财融合的实施。

综上所述，企业高层对业财融合的支持不够、现有绩效制度对财务人员参与企业前端业务决策的激励不够、员工能力不足，以及信息技术的不完善都是造成业财融合程度不高的可能原因。

5.1.4 影响业财融合成功的主要因素

在广泛调研了样本企业业财融合现状和造成其现状的原因以后，我们应用SEM—PLS进行了多元回归直线分析，其目的在于检验企业高层的支持、相关绩效制度、资源因素和信息技术因素中，哪一个因素是影响业财融合程度的显著因素。

第一，企业高层的支持。企业高层的支持对业财融合程度的路径系数和T值分别为0.339和1.966，表明在样本企业中，企业高层的支持对业财融合程度的影响是正向且显著的，即企业高层对业财融合实施的支持力度越大，财务人员参与企业前端业务决策的程度就越高，反之则越低。目前大量的研究，如Shiels（1995）、Anderson和Young（1997）、Foster和Swenson（1997）、Innes等（2000）、Liu和Pan（2007）、Baird等（2007），都表明企业高层的支持是管理会计工具/控制系统成功实施的最显著因素。我们认为，业财融合是管理会计职能的一个延伸（Zhang等，2020）。可见，本书的研究结论和现有研究结论是一致的。因此，我们的研究结论是，造成在样本企业中业财融合程度不高的主要原因是企业高层对财务人员参与企业前端业务决策的支持力度不够。

第二，相关绩效制度。相关绩效制度对业财融合程度的路径系数和T值分别为0.145和0.956，表明在样本企业中，相关绩效制度对业财融合程度的影响是正向且不显著的。我们认为，相关绩效制度对业财融合程度的影响是间接而不是直接的。

第三，资源因素。资源因素对业财融合程度的路径系数和T值分别为-0.071和0.056，表明在样本企业中，资源因素对业财融合程度的影响是负向且不显著的。我们认为，资源因素对业财融合程度的影响与相关绩效制度类似，是间接而不是直接的。

第四，信息技术因素。信息技术因素对业财融合程度的路径系数和T值分别为0.050和0.315，表明在样本企业中，信息技术因素对业财融合程度的影响是负向且显著的。我们的研究结论能够被现有研究结论所证实，如Shields（1995）、Liu和Pan（2007）。他们的研究结论均显示信息技术与管理会计工具/控制系统的成功实施并没有显著的联系。这可能是因为一些先进的信息技术，如 ERP、云技术、大数据等在样本企业的应用程度还不高造成的。其他可能的原因是引入和应用先进信息技术决策者是 CEO 或 IT 工程师，而不是 CFO。此外，Shields（1995）也强调，为了成功实施管理会计工具/控制系统，组织行为因素，如企业高层的支持比信息技术因素更重要。他同时还强调，为使得管理会计工具/控制系统成功实施，企业应该更加重视组织行为因素。肖泽忠等（2009）的研究结论显示，信息技术因素对管理会计工具/控制系统的影响是间接而不是直接的。我们认为在业财融合的过程中，企业高层的支持是最重要的因素，企业高层对业财融合的支持会使得资源向业财融合倾斜，也会加大对信息技术的投入、加大对员工的培训力度等，这些都有可能是信息技术因素对业财融合程度没有显著影响的原因。

第五，业财融合程度对企业业绩的影响。我们分别检验了在样本企业中业财融合程度对财务业绩、员工业绩、内部流程业绩和市场业绩的影响。

研究结论显示，业财融合程度对财务业绩的路径系数和 T 值分别为 0.083 和 1.575，表明在样本企业中，业财融合程度对财务业绩没有显著的影响，即业财融合程度高或低，都不能导致财务业绩的实现程度。现有大量的研究表明，管理会计工具/控制系统对财务业绩都没有显著关联，实施管理会计工具/控制系统对财务业绩的提升没有起到显著作用。Kennedy 等（2001）在对英国企业的调研结果显示，作业成本法的实施对企业的财务绩效如 ROI 没有明显联系，可能的原因是影响 ROI 的因素不仅仅只是作业成本法的实施。Davis 和 Albright（2004）采用类实验研究的方法对美国的银行实施平衡计分卡（BSC）的情况进行调查后得出，实施平衡计分卡的银行比没有实施平衡计分卡的银行取得了更加优异的财务业绩，如业务量大、收入水平高等。Geert 等（2004）对芬兰部分企业的调研中发现，平衡计分卡的应用不能立即提升企业的财务业绩，但是会促使企业实施相关的战略，并最终导致财务业绩的提升。Banker 等（2008）对美国制造企业的研究发现，作业成本法的实施对生产成本的降低没有直接影响，它会导致企业实施世界级的制造技术，而这些技术会最终导致制造成本的降低。Kallunki 等（2011）将芬兰 70 家企业作为调研对象来探究管理会计工具/控制系统与企业业绩的关系，结论显示，无论是正式的管理会计工具/控制系统如全面预算、作业成本法、存货管理等，还是非正式的管理会计工具/控制系统如有效的沟通系统等，对企业财务业绩如销售收入、利润增加都没有明显的提升作用。杜荣瑞等（2008）基于 219 家上市公司的问卷调查表明，管理会计工具如作业成本法、作业管理对企业的财务业绩如资产回报和销售增长等没有显著的影响。本书认为，企业的财务业绩的提升受到许多因素的影响，如通货膨胀水平、政治因素、经济发展因素等，因此很难确定财务业绩的提升是否是因为业财融合的实施。另外，业财融合对财务业绩的提升可能受到实施时间长短的影响，即实施业财融合的时间越长，财务业绩的实现程度就越高。我们得出的结论是，业财融合程度对财务业绩的提升不是直接而是间接的，是长期而非短期的。

在非财务业绩方面，我们的研究结论显示，在样本企业中，业财融合程度对员工业绩、内部流程业绩和市场业绩的路径系数分别为 0.267、0.416 和 0.554，T 值分别为 3.715、4.147 和 3.561，表明在样本企业中，业财融合程度对员工业绩、内部流程业绩和市场业绩都有正向且显著的影响，即业财务融合程度越高，员工业绩（员工满意度、员工执行力、员工技能等）、内部流程业绩（产品质量、送货速度等）和市场业绩（客户满意度、市场份额、新客户等）的实现程度就越高，反之则越低。

本书的结论可以被国内外许多研究所证实，如毛洪涛等（2014）指出，管理控制技术对企业的非财务业绩有明显的影响，控制技术越成熟，对非财务业绩的影响就越显著。

第六，非财务业绩对财务业绩的影响。研究结论显示，市场业绩对财务业绩的路径系数和 T 值分别为 0.593 和 4.134，表明在样本企业中，市场业绩的实现程度对财务业绩的实现程度有正向且显著的影响，即市场业绩的实现程度越高，如客户满意度、市场份额和新客户等，企业的财务业绩的实现程度也就越高。

员工业绩和内部流程业绩对财务业绩的路径系数分别为 0.059 和 0.412，T 值分别为 0.488 和 0.477，表明在样本企业中，员工业绩和内部流程业绩的实现程度与财务业绩的实现程度并无直接关联。我们认为可能的原因是员工业绩和内部流程业绩并不能立即提升企业的财务业绩，它们对财务业绩的影响可能是间接而非直接的，是长期而非短期的。

第七，非财务业绩的中介作用。在非财务业绩中，仅有市场业绩对业财融合与财务业绩的关系有中介作用，表明业财融合程度越高，市场业绩的实现程度就越高，即财务人员参与企业前端决策提高了定价决策的质量，提升了客户满意度，扩大了市场份额，并最终使得财务业绩的实现程度提高。

然而，我们发现员工业绩和内部流程业绩的实现程度则没有中介作用。总的来说，我们的研究结论能够被现有研究所证实，如 Kallunki 等（2011）的研究发现，非财务指标对管理会计工具/控制系统和财务业绩有中介作用。

表 5.1 为研究内容和研究假设及总结。

表 5.1 研究内容和研究假设及总结

研究内容	研究假设	研究结论
业财融合的指标体系	—	定价、成本管理、项目管理、全面预算、业绩管理、融资、投资并购、战略性税收管理、经营过程管理、战略目标和风险管理等决策
业财融合实施的现状	—	业财融合在样本企业的实施程度是"中等"程度
造成业财融合现状的可能原因	—	企业高层对业财融合的支持力度不够、现有绩效制度对财务人员参与企业前端业务决策的激励不够、员工能力不足，以及信息技术的不完善
企业高层的支持对业财融合程度的影响	假设 H1：企业高层的支持会对业财融合程度产生正向且显著的影响。	成立
相关绩效制度对业财融合程度的影响	假设 H2：与业财融合实施相关的绩效制度会对业财融合程度产生正向且显著的影响。	不成立
资源因素对业财融合程度的影响	假设 H3：丰富的资源，尤其是具备业财融合技能的员工会对业财融合程度产生正向且显著的影响。	不成立
信息技术因素对业财融合程度的影响	假设 H4：信息技术因素会对业财融合程度产生正向且显著的影响。	不成立
业财融合程度对财务业绩的影响	假设 H5：业财融合的实施程度越高，企业的财务业绩实现的程度就越高。	不成立
业财融合程度对员工业绩的影响	假设 H6a：业财融合的实施程度越高，企业的员工业绩实现的程度就越高。	成立

续表5.1

研究内容	研究假设	研究结论
业财融合程度对内部流程业绩的影响	假设 H6b：业财融合的实施程度越高，企业的内部流程业绩实现的程度就越高。	成立
业财融合程度对市场业绩的影响	假设 H6c：业财融合的实施程度越高，企业的市场业绩实现的程度就越高。	成立
员工业绩对财务业绩的影响	假设 H7a：企业员工业绩的实现程度对财务业绩的实现程度有正向且显著的影响。	不成立
内部流程业绩对财务业绩的影响	假设 H7b：企业内部流程业绩的实现程度对财务业绩的实现程度有正向且显著的影响。	不成立
市场业绩对财务业绩的影响	假设 H7c：企业市场业绩的实现程度对财务业绩的实现程度有正向且显著的影响。	成立
员工业绩的中介作用	假设 H8a：员工业绩对业财融合程度与财务业绩的关系有中介作用。	不成立
内部流程业绩的中介作用	假设 H8b：内部流程业绩对业财融合程度与财务业绩的关系有中介作用。	不成立
市场业绩的中介作用	假设 H8c：市场业绩对业财融合程度与财务业绩的关系有中介作用。	成立

5.2　成功实施业财融合的建议

我们认为，业财融合是企业提高管理水平和实现高质量发展的重要保障。由于企业高质量发展对我国经济实现高质量发展有非常重要的意义，我国企业应该大力推进业务和财务的有效融合。我们的调研表明，当下我们企业业财融合程度还不高，鉴于此，我们对我国企业进一步完善业财融合提出以下几点建议。

第一，企业高层需大力支持。企业高层是业财融合成功实施的先决条件，因此企业高层应该对业财融合的重要性和必要性有深刻的理解，并为其实施提供强有力的支持。调研结果显示，样本企业的高层对业财融合的不重视是业财融合程度不高的主要原因之一。因此，企业高层需要改变对财务职能的认识，更需要构建一些必要的制度来确保财务人员参与到绩效考核指标体系的构建、经营过程管理当中。

第二，加强信息技术建设。业财融合需要构建强大的技术和信息平台，如ERP、XBRL等，这离不开资金的投入。中国石油湖北分公司投入巨资构建的XBRL系统建立了统一的数据集市，对经营决策、控制风险和分配资源的工作提供了极大的支持，使业财融合取得了很好的效果（李闻一等，2016）。此外，Goretzki等（2013）在德国某企业调研时发现，ERP的引入使得财务部门和业务部门的交流更加容易，财务人员对企业业务的了解进一步加深。他们还强调，ERP的应用产生了连续的数据库，使得财务人员从繁重的日常工作中解放出来，有更多的时间和精力参与企业的各种决策中，确保了企业获得高质量的信息。这些经验表明，企业高层必须加大对信息技术构建方面的投入，为企业实施业财融合除去技术壁垒。

第三，构建科学的绩效制度。现有的研究表明，业财融合在实施中的一个难题就是职能部门意见不合，即各个部门只重视各自的利益，而不重视企业整体的利益。其重要原因在于缺乏相关的绩效制度来促进各部门之间的合作。因此，企业高层必须设置相关的绩效制度来激励财务员工和非财务员工积极参与业财融合，比如可以将员工收入、晋升与业财融合的实施紧密结合起来，以鼓励财务人员主动地参与企业的各种决策中。

第四，实施管理会计工具。管理会计工具的引入如作业成本法（Activity-Based Costing）是业财融合的重要途径。Friedman和Lyne（1997）在对英国某企业的研究表明，作业成本法的引入使得会计信息的准确性大大增加，使得财务人员和业务人员的关系变得更加融洽。该企业在作业成本法实施前，业务部门普遍认为财务部门不仅不懂业务，而且还会对很多决策提出否定意见，财务部门和业务部门的关系非常疏远甚至对立。在引入作业成本法以后，财务人员经常会和业务部门交流合作，这样财务人员对企业业务流程有了深刻的了解，能提供更准确的数据来支持企业的经营决策。此外，作业成本法的实施也使得业务部门在决策中乐意征求财务部门的建议，业务部门也不再认为财务部门是一个开展业务的障碍。

其他的管理会计工具也同样如此，如平衡计分卡（BSC）。平衡计分卡有4个维度，除财务维度以外，其余3个维度都关于业务流程。平衡计分卡对业务流程也是非常的重视，其实施也会导致业务部门和财务部门的融合。总之，企业应该全面实施管理会计，如作业成本法、平衡计分卡和全面预算等。在这些工具的实施过程中，业务部门和财务部门可以充分合作交流，最终使得业务和财务的融合顺利实现。

第五，加强财务人员的相关培训。加强财务人员的相关培训对成功实施管理会计工具/控制系统具有重要的意义。Hofstede（1985，1993）指出，管理会计工具/控制系统的实施对企业制度、人员的能力、企业的运行模式都提出了更高的要求，这些新的变化可能会导致员工对业财融合实施产生抵触，培训可以消除员工对新的管理会计工具的恐惧感，并能提高其成功实施的概率。业财融合是管理会计人员职能的进一步扩展，企业高层必须加大对员工的培训力度，从而让业务人员消除对财务人员参与业务决策的抵触情绪。

我们认为，财务人员应具备的能力有以下几个方面：

首先，财务人员需要了解企业的具体经营业务，否则业财融合就成为一句空谈。企业应该对财务人员加强对业务方面的培训，让财务人员了解企业的业务，也可以将财务人员送到业务部门去"挂职锻炼"。财务人员应该主动地了解企业的业务，了解企业核心业务是财务人员融入业务的第一步。

其次，财务人员要具备较强的分析能力。业财融合要求财务部门为业务部门的决策提供支持，财务部门需要有前瞻性，提供的预测数据要为管理层制定战略目标服务，要有实效性。财务部门需要通过分析历史数据来揭示企业在经营管理上的不足，从而为业务部门改善业务流程和管理制度提供有价值的参考；财务人员不能只关注于内部数据，需要通过分析主要竞争对手和行业的相关数据来为企业设置标杆，并帮助企业扬长避短，通过管理来确保企业的经营活动始终能与整体目标保持高度一致。企业在日常经营当中会面临很多的信息，这些信息哪些是相关的，也需要财务人员分析判断。因此，业财融合需要财务人员具备较强的分析能力。

最后，沟通能力也是财务人员所需的重要能力。财务人员参与到企业前端业务需要有非常强的沟通能力。业务部门不能认为财务部门属于后勤部门，而要随时随地同财务部门进行沟通。业务人员需要懂财务，同时财务人员在了解企业业务流程的基础上，也需要成为财务培训师，使业务人员具备财务思维，这要求财务人员需要不断地提高沟通能力。

第六，让财务人员进入决策层。CFO进入企业决策层是业财融合的一个重要体现。然而大多数样本企业（80%）进入决策层的CFO在人数上不多，即便是进入了决策层，对重大决策也无话语权，这就难以发挥财务人员在价值创造中的作用。造成这一问题的主要原因还是业务人员的传统旧观念，认为财务部门是后勤部门，这给财务人员参与业务造成了很大的难度。因此，企业高层应让CFO进入决策层，并对各种重大决策有表决权。

5.3 本书的局限性和对未来研究的建议

第一，问卷回收率不高。本书利用数据分析的问卷仅有226份，样本量还需进一步扩大。为了进一步探究影响业财融合的因素，我们建议未来的研究也可以采取其他的研究方法，如实地研究法、案例分析法等来作为问卷调查法的必要补充。

第二，解释变量解释能力偏弱。研究数据显示，4个主要解释变量仅仅可以解释24.5%的业财融合程度的变异量，可见自变量的解释能力还非常薄弱。我们认为，业财融合程度可能还受到其他因素的影响。现有研究发现，企业战略（Simons，1987）、组织结构（Gosselin，1997）、外部环境（Chenhall，2003）、市场竞争环境（文东华，2009；文东华，2012）等对管理会计工具/控制系统的成功实施有显著的影响，因此，未来的研究必须考虑这些因素来进一步探究我国企业成功实施业财融合的主要原因。同时，业财融合程度仅仅能解释员工业绩13.5%、内部流程业绩16.7%和市场业绩13.4%的变异量，可见解释能力还比较薄弱。King和Clarkson（2015）的研究发现，管理会计工具/控制系统和企业业绩的关系也受到很多变量的影响，如企业所有制性质的调节作用等。我们建议未来的研究需要进一步探究业财融合程度和企业业绩之间的中介或调节变量。

第三，未考虑业财融合实施的时间因素。我们认为，业财融合实施时间越长，对企业的影响可能就越显著。然而，在本书中，我们没有调研样本企业中财务人员参与企业前端业务决策的时间长短。因此，我们建议未来的研究应该充分考虑业财融合的实施时间，以便更好地检验业财融合程度对企业业绩的影响。

第四，业财融合的指标体系还不够全面。本书仅仅从管理会计基本职能的角度为业财融合设置了指标，然而业财融合在实务中有许多的表现形式，如刘岳华（2013）强调业财融合是实体流、资金流和信息流等的一体化。因此，我们建议未来的研究可以从不同的角度为业财融合设计指标体系，以便更好地调查业财融合在我国企业实施的程度。

第五，样本企业的类型还不全面。在本书中，来自国有企业的样本企业占比83%,而其他类型企业还很少。King和Clarkson(2015)的研究发现,企业所有制性质对管理会计工具/控制系统的建立也有一定影响。因此,我们建议未来的研究应多收集民营企业、外资企业的样本,以便进一步探究企业所有制性质对业财融合程度的影响。

参考文献

[1] 陈虎, 孙苗. 业务财务的工作机制 [J]. 财务与会计, 2011（10）: 56-58.

[2] 陈月, 马影. 业财融合在华为公司内部控制中的应用 [J]. 财务与会计, 2019（7）: 26-28.

[3] 杜荣瑞, 肖泽忠, 周齐武, 等. 管理会计与控制技术的应用及其与公司业绩的关系 [J]. 会计研究, 2008（9）: 39-46.

[4] 何婷, 熊力. 基于财务业务一体化的供应商风险管理 [J]. 财会月刊, 2011（3）: 86-87.

[5] 郭永清. 中国企业业财问题研究 [J]. 会计之友, 2017（5）: 47-55.

[6] 李扣庆. 业财融合: 现代企业经营管理精妙之所在 [N]. 中国会计报, 2016-12-16（06）.

[7] 李闻一, 王嘉良. 基于"业财融合"的一体化管控——中石油湖北销售公司案例 [J]. 财会月刊, 2015（28）: 11-15.

[8] 梁勇, 干胜道. 内控建设背景下高校"业财融合"问题思考 [J]. 财会月刊, 2018（13）: 51-55.

[10] 刘岳华, 魏蓉, 杨仁良, 等. 企业财务业务一体化与财务管理职能转型——基于江苏省电力公司的调研分析 [J]. 会计研究, 2013（10）: 51-58.

[11] 毛洪涛, 周彦, 任旭林, 等. 管理会计与控制技术、核心能力建设与企业业绩——基于中国施工企业293个工程项目的调查分析 [J]. 科研管理, 2014, 35（2）: 70-78.

[12] 毛洪涛, 程军, 邓博夫. 预算报告编制参与、调整及其决策价值 [J]. 会计研究, 2013（8）: 81-88.

[13] 宁云才, 苏士勇. 也谈ERP软件中的财务业务一体化 [J]. 财务与会计, 2009（4）: 41-43.

［14］潘飞，陈世敏，文东华，等. 中国企业管理会计研究框架［J］. 会计研究，2010（10）：47-54.

［15］苏林峰. 关于业务与财务融合的预算管理模式研究［J］. 会计之友，2015（4）：66-68.

［16］束青. 业务—财务融合之道［J］. 财务与会计，2014（7）：55-56.

［17］孙彤焱，彭博. 红塔集团以业财融合为核心的全面预算管理实践［J］. 财务与会计，2019（7）：23-25.

［18］尹国平. 业务财务一体化的难点与对策［J］. 财务与会计，2016（23）：43-44.

［19］易宜红. 移动通信运营公司业财融合模式探索［J］. 财务与会计，2013（8）：23-24.

［20］王学瓅，于璐. 基于财务职能定位的业财融合措施分析［J］. 会计之友，2016（2）：34-36.

［21］文东华，潘飞，陈世敏. 环境不确定性、二元管理控制系统与企业业绩实证研究——基于权变理论的视角［J］. 管理世界，2009（10）：102-114.

［22］文东华，潘飞，杨玉龙，等. 市场竞争强度、管理控制系统与企业业绩［J］. 财经研究，2012（38）：80-90.

［23］肖泽忠，杜荣瑞，周齐武. 试探信息技术与管理会计和控制的互补性及其业绩影响［J］. 管理世界，2009（4）：143-161.

［24］张功富，高敏. 业财融合始于沟通［J］. 财务与会计，2017（3）：67-68.

［25］张毓婷. 基于财务业务一体化的会计业务流程重组［J］. 会计之友，2012（31）：38-41.

［26］章维. 高等教育"双一流"建设背景下的业财融合［J］. 财会月刊，2019（15）：32-36.

［27］诸波，干胜道. 市场竞争程度、经营战略与业绩评价指标选择［J］. 会计研究，2015（2）：51-57.

［28］Watson T J. Group ideologies and organizational change［J］. Journal of Management Studies，2010，19（3）：259-275.

［29］Alsharar N M，Maeay R D. Management accounting change：Critical review and a new contextual framework［J］. Journal of Accounting and Organizational Change，2019，11（4），476-502.

[30] Anderson S W, Young S M. The impact of contextual and process factors on the evaluation of activity-based costing systems [J]. Accounting, Organizations and Society, 1999, 24 (7), 525-559.

[31] Arnautovic A. The importance of the CFO in an enterprise: The difference between large and small-to-medium sized enterprises [D]. Helsinki: Arcada Polytechnic, 2014.

[32] Banker R D, Bardhan I R, Chen T Y. The role of manufacturing practices in mediating the impact of activity-based costing on plant performance [J]. Accounting, Organizations and Society, 2008 (33): 1-19.

[33] Baird K, Harrison G, Reeve R. Success of activity management practices: The influence of organizational and cultural factors [J]. Accounting & Finance, 2007, 47 (1): 47-67.

[34] Baron R M, Kenny D A. The moderator-mediator variable distinction in social psychological research: Conceptual, strategic, and statistical considerations [J]. Journal of Personality and Social Psychology, 1986, 51 (6): 1173-1182.

[35] Byrne S, Pierce B. Towards a more comprehensive understanding of the roles of management accountants [J]. European Accounting Review, 2007, 16 (3): 469-498.

[36] Brewer P C. National culture and activity-based costing system: A note [J]. Management Accounting Research, 1998 (9): 241-260.

[37] Burns J, Baldvinsdottir G. An institutional perspective of accountants' new role-the interplay of contradictions and praxis [J]. European Accounting Review, 2005, 14 (4): 725-757.

[38] Cagwin D, Bouwman M J. The association between activity-based costing and improvement in financial performance [J]. Management Accounting Research, 2002 (13): 1-39.

[39] Chenhall R H, Langfield-Smith K. The relationship between strategic priorities, management techniques and management accounting: An empirical investigation using a system approach [J]. Accounting, Organization and Society, 1998 (23): 243-264.

[40] Chenhall R H. Management control systems design within its

organizational context: Findings from contingency-based research and directions for the future [J]. Accounting, Organizations and Society, 2003, 28 (2): 127-168.

[41] Churchill G. A paradigm for developing better measures of marketing constructs [J]. Journal of Marketing Research, 1979, 16 (1): 64-73.

[42] Cullen N, Patel S. Finance business partnering [J]. Financial Management, 2007 (22): 38-40.

[43] Davis S, Albright T. An investigation of the effect of balanced scorecard implementation on financial performance [J]. Management Accounting Research, 2004 (15): 135-153.

[44] Durendez A, Daniel R P, Domingo G P D L, et al. Management control systems and performance in small and medium family firms [J]. European Journal of Family Business, 2016 (6): 10-20.

[45] Emsley D. Restructuring the management accounting function: A note on the effect of role involvement on innovativeness [J]. Management Accounting Research, 2005, 16 (2): 157-177.

[46] Fishbein M, Ajzen I. Belief, Attitude, Intention and Behavior: An Introduction to Theory and Research [M]. MA: Addison-Wesley, 1975.

[47] Flanagan A, Grant N. Finance business partner turning heads [J]. Accountancy Ireland, 2013, 45 (3): 47-49.

[48] Fornell C, Larcker D F. Structural equation models with unobservable variables and measurement errors: Algebra and statistics [J]. Journal of Marketing, 1981 (3): 382-388.

[49] Foster G, Gupta M. Marketing, management and management accounting [J]. Journal of Management Accounting Research, 1994 (6): 43-77.

[50] Friedman A L, Lyne S R. Activity-based techniques and the death of the bean counter [J]. European Accounting Review, 1997, 6 (1): 19-44.

[51] Geert J M, Edwin J N. Performance effects of using the balanced scorecard: A note on the dutch experience [J]. Long Range Planning,

2004 (37): 335-349.

[52] Gosselin M. The effect of strategy and organizational structure on the adoption and implementation of activity - based costing [J]. Accounting, Organizations and Society, 1997, 22 (2): 105-122.

[53] Goretzki L, Strauss E, Weber J. An institutional perspective on the changes in management accountants' professional role [J]. Management Accounting Research, 2013 (24): 41-63.

[54] Gosselin M. The effect of strategy and organizational structure on the adoption and implementation of activity - based costing [J]. Accounting, Organizations and Society, 1997, 22 (2): 105-122.

[55] Graham A, Davey-Evans S, Toon I. The developing role of the financial controller: Evidence from the UK [J]. Journal of Applied Accounting Research, 2012, 13 (1): 71-88.

[56] Granlund M, Lukka K. Towards increasing business orientation: Finnish management accountants in a changing cultural context [J]. Management Accounting Research, 1998, 9 (2): 185-211.

[57] Hair J F, Anderson R E, Tatham R L, et al. Multivariate Data Analysis [M]. 6th ed. New Jersey: Prentice Hall, 2006.

[58] Hair J F, Ringle C M, Sarstedt M. Partial least squares structural equation modeling: Rigorous applications, better results and higher acceptance [J]. Long Range Planning, 2014, 46 (1): 1-12.

[59] Hair J F, Ringle C M, Sarstedt M. Partial least squares structural equation modeling: Rigorous applications, better results and higher accptances [J]. Long Range Planning, 2013 (46): 1-12.

[60] Hair J F, Sarstedt M, Hopkins L, et al. Partial least squares structural equation modeling (PLS-SEM): An emerging tool in business research [J]. Long Range Planning, 2013 (46): 1-12.

[61] Hair J F, Hult G T M, Ringle C M, et al. A Primer on Partial Least Squares Structural Equation Modeling (PLS-SEM) [M]. 2nd ed. Sage: Thousand Oaks, 2017.

[62] Herliansyah H. Change of management accounting practices [J]. International Journal of Economics & Business Administration, 2018 (4): 3-13.

[63] Hofstede G H. Cultural constraints in management theories [J]. Academy of Management Executive, 1993 (7): 81−94.

[64] Hoozée S, Bruggeman W. Identifying operational improvements during the design process of a time−driven ABC system: The role of collective worker participation and leadership style [J]. Management Accounting Research, 2010, 21 (3): 185−198.

[65] Hoozée S, Ngo Q H. The impact of managers' participation in costing system design on their perceived contributions to process improvement [J]. European Accounting Review, 2017, 27 (4): 747−770.

[66] Hussain N, Rigoni U, Orij R P. Corporate governance and sustainability performance: Analysis of tripe bottom line performance [J]. Journal of Business Ethics, 2018, 149 (2): 411−432.

[67] Indjejikian R J, Matĕjka M. Organizational slack in decentralized firms: The role of businessunit controllers [J]. The Accounting Review, 2006, 81 (4): 849−872.

[68] Iyibildiren M, Karasioglu F. Balanced scorecard in business performance measurement and its effect on financial structure [J]. Global Journal of Management and Business Research Finance, 2018, 18 (2): 13−21.

[69] Ittner C D, Larcker D F. The performance effects of process management techniques [J]. Management Science, 1997 (43): 522−534.

[70] Innes J, Mitchell F, Sinclair D. Activity−based costing in the UK's largest companies: A comparison of 1994 and 1999 survey results [J]. Management Accounting Research, 2000, 11 (3): 349−362.

[71] Ittner C D, Lanen W N, Larcker D F. The association between activity−based costing and manufacturing performance [J]. Journal of Accounting Research, 2002 (40): 711−726.

[72] Jarvenpaa M. Making business partner: A case study on how management accounting culture was changed [J]. European Accounting Review, 2007, 16 (1): 41−63.

[73] Jarvinen M. Shifting NPM agendas and management accountant's occupational identities [J]. Accounting, Auditing and Accountability

Journal, 2009, 22 (8): 1187-1210.

[74] Kallunki J P, Laitinen E K, Silvola H. Impact of enterprise resource planning systems on management control systems and firm performance [J]. International Journal of Accounting Information Systems, 2011 (12): 20-39.

[75] Kaplan R S, Norton D P. The Balanced Scorecard: Translating Strategy into Action [M]. Cambridge: Harvard University Press, 1996.

[76] King R, Clarkson P. Management control system, ownership, and performance in professional service organizations [J]. Accounting, Organization and Society, 2015 (45): 24-39.

[77] Kennedy T, Affleck-Graves J. The impact of activity-based costing techniques on firm performance [J]. Journal of Management Accounting Research, 2001, 13 (1): 19-45.

[78] Kuye O, Sulaimon A H. Employee involvement in decision making and firms performance in the manufacturing sector in Nigeria [J]. Serbian Journal of Management, 2011, 6 (1): 1-15.

[79] Krumwiede K R. The implementation stages of activity-based costing and the impact of contextual and organizational factors [J]. Journal of Management Accounting Research, 1998 (10): 239-277.

[80] Lee L, Petter S, Fayard D, et al. On the use of partial least squares path modeling in accounting research [J]. International Journal of Accounting Information System, 2011, 12 (4): 305-328.

[81] Lambert G, Pezet E. The making of the management accountant — becoming the producer of truthful knowledge [J]. Accounting, Organization and Society, 2010, 35 (1): 10-30.

[82] Lambert C, Sponem S. Roles, authority and involvement of the management accounting function: A multiple case-study perspective [J]. European Accounting Review, 2011, 21 (3): 565-589.

[83] Lee R. Scorekeepers to business partners: Reposition the finance function [J]. Total Quality Management, 1999, 10 (4-5): 690-696.

[84] Liu L Y, Pan F. The implementation of activity-based costing in

China: An innovation action research approach [J]. The British Accounting Review, 2007, 39 (3): 249-264.

[85] Lopez-Valeiras E, Gomez-Conde J, Lunkes R J. Employee reactions to the use of management control systems in hospitals: Motivation vs. threat [J]. Gaceta Sanitaria, 2018, 32 (2): 129-134.

[86] Menon A, Bharadwaj S, Adidam P, et al. Antecedents and consequences of marketing strategy making: A model and a test [J]. Journal of Marketing, 1999, 63 (2): 18-40.

[87] Malmi T. Moderate Impact of ERPS on management accounting: A lag or permanent outcome [J]. Management Accounting Research, 2002, 13 (3): 299-321.

[88] Messner M. Does industry matter? How industry context shapes management accounting practices [J]. Management Accounting Research, 2016 (31): 103-111.

[89] Mia L, Clarke B. Market competition, management accounting systems and business unit performance [J]. Management Accounting Research, 1999 (10): 137-158.

[90] Mjongwana A, Kamala P N. Non-financial performance measurement by small and medium sized enterprise operating in the hotel industry in the city of Cape Town [J]. African Journal of Hospitality, Tourism and Leisure, 2018, 7 (1): 1-26.

[91] Nienhüser W. Resource dependence theory—how well does it explain behavior of organizations? [J]. Management Revue, 2008, 19 (1/2): 9-32.

[92] Nunnally J C. Psychometric Theory [M]. New York: McGraw-Hill, 1978.

[93] Pallant J. SPSS Survival Manual-A Step by Step Guide to Data Analysis [M]. Buckingham: Open University Press, 2001.

[94] Pierce B, Dea T O. Management accounting information and the needs of managers: Perceptions of managers and accountants compared [J]. British Accounting Review, 2003, 35 (3): 257-290.

[95] Scapens R W, Jazayeri M. ERP systems and management accounting change: Opportunities or impacts? A research note [J]. European

Accounting Review, 2003, 12 (1): 201-234.

[96] Shields M D. An empirical analysis of firms' implementation experiences with activity-based costing [J]. Journal of Management Accounting Research, 1995 (7): 148-166.

[97] Tacq J. Multivariate Analysis Techniques in Social Science Research [M]. London: SAGE, 1997.

[98] Victoravich L. When do opportunity costs count? The impact of vagueness, project completion stage, and management accounting experience [J]. Behavioral Research in Accounting, 2010 (1): 2285-3108.

[99] Yuliansyah Y, Ahmad R M S. Non-financialperformance measures and managerial performance: The mediation role ofinnovation in an Indonesian stock exchange-listed organization [J]. Problems and Perspectives in Management, 2015, 13 (4): 135-144.

[100] Ribau C P, Moreira A C, Raposo M. SMEs innovation capabilities and export performance: An entrepreneurial orientation view [J]. Journal of Business Economics and Management, 2017, 18 (5): 920-934.

[101] Zhang Y F, Namazi M, Isa C R. Investigating the empirical effect of ABC stages on the performance of companies [J]. Iranian Journal of Management Studies, 2017, 10 (1): 175-205.

附录一 调查问卷

第一部分 业财融合的实施程度

这一部分是关于您企业业务活动和财务活动的融合现状的一些问题,请选择最能反映您企业实际情况的一项,并在相应的位置打钩。

业财融合需要企业的财务人员参与企业的经营决策当中,为企业的经营决策提供必要的支持。以下是企业的一些常见的经营决策,请选出最符合您企业实际情况的一项。

题项	不参与决策且不了解	不参与决策但基本了解	中等	参与决策,但没有话语权	参与决策且有话语权
	1	2	3	4	5
(1)账务人员是否参与企业的融资决策,如融资渠道的选择、融资成本的计算和最佳融资方案的确定等	□	□	□	□	□
(2)财务人员是否参与企业的战略目标决策,如企业宣传、收益率目标、市场份额目标、成本领先、质量领先等	□	□	□	□	□
(3)财务人员是否参与企业的投资并购决策,包括评估所有需要考虑的风险因素、为决策者提供明确的选择或者放弃的意见	□	□	□	□	□

附录一 调查问卷

续表

题项	不参与决策且不了解	不参与决策但基本了解	中等	参与决策，但没有话语权	参与决策且有话语权
	1	2	3	4	5
（4）财务人员是否参与企业的项目管理决策，包括为项目计划提供财务监督、确保项目获得充足的资源、满足战略目标等	□	□	□	□	□
（5）财务人员是否参与企业的定价决策，包括决定生产什么产品或提供什么服务、决定产品或服务的销售价格和折扣等	□	□	□	□	□
（6）财务人员是否参与企业的成本管理决策，包括确定成本目标、分析成本动因等	□	□	□	□	□
（7）财务人员是否参与企业的全面预算决策，包括销售预算、生产预算、采购预算、人工成本预算和销售预算等	□	□	□	□	□
（8）财务人员是否参与企业的风险管理决策，包括确认风险，并结合风险的大小提出相关建议；帮助非财务人员评估风险的发生可能性、影响，并提出应对措施等	□	□	□	□	□
（9）财务人员是否参与企业的战略性税收管理决策，包括提出转移定价建议、分析收购与兼并过程中的税务影响、计算资本预算中的税收影响等	□	□	□	□	□
（10）财务人员是否参与企业的经营过程管理决策，包括研发、供应链、生产、销售全过程的管理	□	□	□	□	□
（11）财务人员是否参加企业的业绩管理决策，包括参与为不同岗位的员工设计相应的绩效评价（包括定量指标和定性指标）等	□	□	□	□	□

第二部分　影响业财融合成功实施的因素

这一部分是关于可能会影响您企业业财融合成功实施的问题，请选出在您企业在实施业财融合时会遇到的困难中最符合您企业实际情况的一项。

题项	完全不同意 5	不同意 1	中等 2	同意 3	完全同意 4
（12）企业员工完全具备必要的技能来实施业财融合，如全面的财务知识、较强的沟通技能和分析问题的能力等	□	□	□	□	□
（13）财务人员对企业的业务有深刻的了解，如主要供应商、主要销售客户、主要营销策略等	□	□	□	□	□
（14）企业高层大力支持实施业财融合，如对信息系统进行必要的升级、引进具备相应技能的员工、聘请专业机构等	□	□	□	□	□
（15）财务人员对业财融合的具体要求有比较深刻的了解，如积极主动分析数据、及时提供反馈意见、为公司决策提供强有力的支持等	□	□	□	□	□
（16）企业业务数据和财务数据能共享，即业务数据可以直接生成财务数据，财务数据可以追溯到业务数据	□	□	□	□	□
（17）对业财融合所需的信息，企业现有信息技术能较为及时准确地提供	□	□	□	□	□
（18）企业内有相关的绩效制度来推动业财融合的顺利实施，如在财务绩效中存在业务指标，在业务指标中也与存在财务管理相关的指标	□	□	□	□	□
（19）企业也一直在加大财务人员参与业务管理的力度，加强相关业务人员的财务培训，也把一些财务人员安排到业务部门了解业务内容	□	□	□	□	□

续表

题项	完全不同意 5	不同意 1	中等 2	同意 3	完全同意 4
（20）企业建立了有效的沟通机制来加强财务部门与业务部门的交流，鼓励财务部门与业务部门开展多方面的合作，不断完善业财一体化	□	□	□	□	□
（21）企业现有绩效制度能够反映业务经营情况，绩效指标不仅有财务指标，也有关于业务活动效率评价指标	□	□	□	□	□
（22）为促进业财融合的顺利实施，企业时常举办各种技能培训、读书会、内部技能认证等，持续打造学习型组织	□	□	□	□	□
（23）企业的信息系统是透明的、准确的，可以确保业务数据和财务数据的准确性	□	□	□	□	□

第三部分　企业业绩

这一部分是关于您企业在过去一年内企业业绩的实现程度的问题，请选择最符合您企业实际情况的一项。

企业业绩的实现程度	完全没有实现 1	实现程度很低 2	一般 3	实现程度较高 4	完全实现 5
（24）成本控制的实现程度	□	□	□	□	□
（25）销售量的实现程度	□	□	□	□	□
（26）利润的实现程度	□	□	□	□	□
（27）客户满意度的实现程度	□	□	□	□	□
（28）市场份额的实现程度	□	□	□	□	□
（29）产品或服务质量的实现程度	□	□	□	□	□
（30）新客户的实现程度	□	□	□	□	□
（31）送货速度的实现程度	□	□	□	□	□

续表

企业业绩的实现程度	完全没有实现	实现程度很低	一般	实现程度较高	完全实现
	1	2	3	4	5
（32）推出新产品或服务的实现程度	□	□	□	□	□
（33）员工满意度的实现程度	□	□	□	□	□
（34）员工执行力的实现程度	□	□	□	□	□
（35）员工技能的实现程度	□	□	□	□	□

第四部分　背景信息

请选择最符合您个人实际情况的一项。

（36）您的学历是：
□专科
□本科
□研究生
□博士

（37）您的职务是：
□主管及其主管以下
□财务或会计主管
□总会计师或财务总监
□财务或会计经理
□其他，请注明＿＿＿＿＿＿

（38）您在现在职位工作年限是：
□5年以下
□5年到10年
□10年以上

（39）您企业所处的行业类型是：
□IT互联网
□制造业
□商品流通行业
□服务行业
□其他，请注明＿＿＿＿＿＿

(40) 您企业的年收入是：
□3 个亿以下
□3 个亿到 4 个亿
□4 个亿到 5 个亿
□5 个亿到 10 个亿
□10 个亿以上

(41) 您企业的总资产是：
□1 个亿以下
□1 个亿到 2 个亿
□2 个亿到 4 个亿
□4 个亿到 5 个亿
□5 个亿以上

(42) 您企业的员工人数是：
□500 人到 2000 人以下
□2000 人到 4000 人
□4000 人到 6000 人
□6000 人到 10000 人
□10000 人以上

(43) 您企业的经营年限是：
□5 年以下
□5 到 10 年
□10 年以上

(44) 您企业的所有制性质是：
□国有企业　　　　□民营企业
□外资企业　　　　□中外合资企业

本次调查结束，谢谢您从百忙之中抽出时间来参与我们的调查。

附录二 业财融合的实践：以河北联通为例

本案例以中国联合网络通信有限公司河北省分公司（以下简称河北联通）为对象，通过描述该公司对管理进行了级次维度、管控维度、运营维度三个维度的管理创新的背景下，财务部门明确财务转型目标和思路，将公司财务组织架构调整为财务共享服务中心和财务部。运用管理会计中的价值链分析工具，财务部开展专业财务和支撑服务、价值管理的建设，通过网络财务、销售财务、行政财务进行全流程、全要素、全范围的财务管理，走入业务、走入流程、走入数据、走入系统，实现业财融合，从而引领公司的价值创造。

一、引言

2014年10月27日，财政部发布了《关于全面推进管理会计体系建设的指导意见》，指出"管理会计是会计的重要分支，主要服务于单位（包括企业和行政事业单位）内部管理需要，是通过利用相关信息，有机融合财务与业务活动，在单位规划、决策、控制和评价等方面发挥重要作用的管理活动"。财务与业务活动的有机融合成为传统会计从财务核算向价值创造转型的关键。

2016年6月22日，财政部发布了《管理会计基本指引》，进一步明确"单位应用管理会计，应遵循融合性原则。管理会计应嵌入单位相关领域、层次、环节，以业务流程为基础，利用管理会计工具方法，将财务和业务等有机融合"。

我们把"业务与财务活动的有机融合"简称为"业财融合"。业财融合是指通过业务部门与财务部门共享业务流、资金流、信息流等数据源，共同做出规划、决策、控制和评价等管理活动，实现企业价值创造的过程。在业财融合中，财务人员能够全面、实时地掌握企业业务活动状况，依托实时、相关、可靠的数据源进行经营预测，通过分析发现问题指导业务部门开展更为有效的业务活动，对业务活动绩效做出客观的评价；业务部门全面、实时地掌握各种业务活动所消耗的资源费用及创造的经济价值，并不断采取措施改进业务流程，提升业务活动效率和效果。

在业财融合的背景下，财务将借助信息技术更多地参与到业务活动中，因此，我们必须对传统的职能式、矩阵式的财务组织形式进行改造，以适应业财融合的需要。企业财务的财务组织形式将分为战略财务、业务财务和共享财务。

战略财务是指参与企业未来规划和战略决策、制定企业财务政策的财务管理体系。

业务财务是指财务主动介入业务、业务要配合财务进行实时的业务反馈和信息传递，终端的财务人员参与业务如研发时的目标成本管理、采购时与供应商谈判的价格管理等，一起为企业提升经营的效率和效果，从而为企业创造更多的价值，同时保证前端流程可以进行更加规范的处理和规划。

共享财务就是把分布在各地子公司的财务和共性业务集中到共享中心，将一些事务性的财务工作通过信息化进行高效快速的处理，从而节约时间和精力，让财务人员参与企业的战略制定，梳理业务流程，为企业创造价值。共享财务的好处有：首先是信息透明、信息共享；其次是流程规范、流程优化；最后有利于更好地制定战略决策，支撑集团的战略。

如何实现业财融合，成为企业财务会计部门从核算型转型为管理型和价值创造型财务部门的关键。我们将以河北联通的实践为例，来阐释如何实现业财融合。

二、河北联通业财融合的背景情况

（一）河北联通的基本情况

河北联通是河北省具有百年发展历史的通信运营企业，其历史可追溯到1884年成立的北洋官电局。公司的前身是1951年成立的河北省邮电管理局。近年来，先后经历了政企分开、邮政电信分营、移动分离、融合重组等电信体制改革。目前，公司下辖11个市分公司、183个县级分公司。按照集团公司要求，成立河北省网络分公司，下辖11个市分公司和干线维护中心。

河北联通主要经营固定通信业务，移动通信业务，国内、国际通信设施服务业务，卫星国际专线业务，数据通信业务，网络接入业务和各类电信增值业务，与通信信息业务相关的系统集成业务等。

河北联通始终坚持"以客户感知为核心"，在推动提速降费、推进电信普遍服务等方面推出了一系列实实在在的举措，实现了4G和光宽带用户的规模发展，为河北经济社会发展提供更强劲的发展助力。同时，河北联通积极落实"宽带中国"战略，成功签约河北省"智慧河北"战略合作项目，与各市携手建设"数字城市""智慧城市"，加速了政务、行业、企业和家庭信息化进程，致力于成为行业领导者。

面对电信业创新转型和河北省深入推进信息化与工业化融合带来的新机遇和新挑战，河北联通将全面实施"移动宽带领先与一体化创新"战略，以全业务经营为引擎，坚持以用户为中心，加强技术、业务、服务和管理创新，不断提升综合实力和核心竞争力，全面满足广大用户的信息服务需求，致力成为区域信息生活的创新服务领导者，在河北省国民经济和社会信息化进程中发挥主力军作用。

（二）河北联通业财融合的背景

随着中国经济步入由高速增长调整为中高速增长，增速放缓甚至下滑已成为通信业的新常态。通信市场跨入存量竞争的时代，运营商通信业务收入以及数据业务收入均呈现增幅放缓，行业形势严峻。市场饱和与产品同质化加剧了运营商间的竞争，传统电信产品面临着OTT业务替代的严峻挑战，电信企业营收与盈利模式已经发生根本性转变。传统电信业务萎缩已不可避免互联网、移动商务、物联网、智慧城市等不同层次的新应用需求促进流量业务迅速增长，且增长空间巨大。但是，目前移动互联网业务收入增幅难以抵消传统语音业务下滑幅度，电信运营商被管道化的趋势愈加明显。

困境成为推动电信企业转型的动因，"去电信化"向移动互联网型商业模式转型成为运营商面临的最后机遇。河北联通需要从"规模扩张型"进入"管理驱动型"增长模式，通过管理效率的提升推动利润的增长，提升河北联通可持续盈利能力的核心，实现河北联通的可持续发展。为此，河北联通提出了"专业化、扁平化、集中化"的变革思路。

河北联通积极抢抓独有战略机遇期，在增长模式发生深刻变化的同时，对财务管理角色转型、专业的支撑服务、精准的数据挖掘提出了更高要求，要求财务管理更好地与业务管理对接，促进河北联通提升资源使用效率，有效应对激烈的市场竞争。河北联通的财务部门一直在持续地思考并解决以下问题：①我们的财务组织及能力能否满足外部环境及公司的变革要求？②我们的财务组织是否足够扁平化？③我们的专业管理能力能否支撑企业提速发展、提质降本？④我们的集中支撑服务能力能否满足企业需求？

企业内外部发展形势经历深刻变化，内外部矛盾交织，外部环境的巨大牵引力、内部改革发展的巨大驱动力，决定了财务工作必须以转型引领，实现企业发展的突破。2012年，河北联通开始了财务管理的转型之路，提出"业务财务、业务伙伴"的理念，紧紧围绕公司"聚焦、创新、合作"的整体战略，以管理创新为手段，价值创造为目标，主动走进业务、走进流程、走进数据、走进系统，进行组织架构调整、业务流程重塑，将河北联通财务价值管理理念传递到价值链的各个环节，公司财务深入业务前端，达到业财融合，实现精益管理，促进公司效益持续提升。

三、河北联通的运营架构和管理创新

河北联通的财务转型，必然与企业的运营架构和管理创新息息相关，且以此为基础。

（一）河北联通的运营架构

当变化成为一种常态时，创新就成为推动技术进步、商业模式转化和生活方式的演变的驱动因素。财务部门为处于变化常态下的管理者提供决策信息、决策方法、决策实施手段、监督成果手段，体现为公司战略管理层面的长期性决策、分部及事业部层面的年度运营管理、业务流程级别的规范三个层次。

以价值创造目标提出的三维度价值创造运营架构如附图2.1所示，由运营维度、级次维度和管控维度组成。其中，管控维度以全成本的业务活动为主线，包括市场线、信息化线、行政线、运维线、建设线五类支出活动。市场线指与市场营销活动相关的成本，信息化线反映为信息化建设而投入的经费，行政线指管理职能的日常费用，运维线指电信资源的维护成本，建设线指建设性长期资本投入。级次维度按省级、市级、县级、基层单元分为四级，这是传统的运营组织构架，政令自上而下传达，任务自下而上汇总。管控维度主要围绕业务活动的执行过程分为组织职能层面、控制活动层面和能力提升层面三个层次。

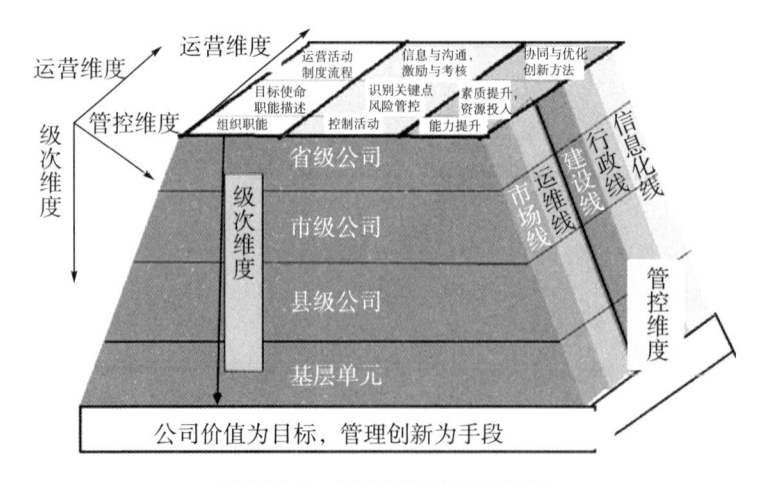

附图 2.1 河北联通的运营架构

1. 级次维度

级次维度与运营维度之间因职责不同而存在不同的内在联系。以市场活动为例，业务活动自下而上，市场是由基层单元完成客户受理和维护，而品牌的影响度和市场营销策略却是自上而下。对于所实现的收入活动，自下而上，层层汇总，层层考核。而对于销售费用，依据市场活动所影响的受众范围，逐层按区域分解。因此，运营维度的活动与所在层次直接相关，某类活动在不同的层次有着不同的管理目标，并适用不同的管控方法。不同的管理层级不同的使命，某类活动所消耗资源占总经费的比例不尽相同，管控方法、管理目标和管理的精细化程度均存在差异。

2. 运营维度

运营维度按全成本线及其业务活动属性及特点与运营特性相关，与规划相关，与组织构架及省公司设计的运营模式相关。支出线划分的业务遵循战略层面集团协调，利用规划、计划、预算控制等手段分解到项目投入的产出。运营维度以市场为排起点，分别反映业务活动或支出所创造的价值与时间的关系程度。市场线支出为与市场策略和活动直接相关的支出，信息化线支出为企业搭建了信息化支撑平台而投入的资源，行政线支出为公司日常管理提供了保障条件，运营线支出维护了网络资源及通信系统的日常运转。

3. 管控维度

基于业务与职能为主线的管理矩阵纵向分为组织职能、控制活动和能力提升三个层面。组织职能层面首先提出了目标，目标对应着某个职能部门的使命，以年度预算为起点，提出了业务活动和职能部门之间的关系，反映业务活动规则与承担主体的内在联系，且每个级次维度各个支出线消耗资源所需完成的各类行为和活动，通过制度和规范对业务行为的流程和规范进行定义。组织职能层面所涉及的内容就是部门职责、岗位职责、业务规范等相关文件定义的内容在该矩阵坐标的描述。

控制活动层面包括管理短板、风险管控、沟通与信息化、绩效激励四个层面，反映了由识别运营管理短板、识别风险到绩效考核监督构成闭环的各个环节。管理是一个制定目标、识别偏差、修正方法或目标的过程，识别管理短板是一个提升管理能力、实现企业价值创造的过程。偏差意味着不确定性及其代表的风险，消除偏差的过程就是风险管控的过程。管理的约束及业务的主动性均来自绩效考核。控制层面描述了业务和经济行为活动的关系，构成财务与业务管理的对象和实体。

能力提升层面主要描述的是价值再创造及扩大价值再创造能力的驱动因素及方法，有素质提升、资源投入、协同与优化提升、创新提升四种类型。这四种类型分别代表生产力改善、资源投入加大、内在管理的改善、产品技术方法的创新等方面。

（二）河北联通的管理创新

1. 在业务层面深入细节，以精细管理提升竞争力

企业价值创造取决于对业务过程及信息的管控。传统会计核算模式下，在基于凭证数据的成本管控与预算控制就只是数字游戏，无法对市场研判、绩效激励、效率提升、效益目标的管理提供支撑，企业的价值创造过程将不可控。因此，企业对产品、资金、投入、产出效益与效率关注比以往更迫切，精细化管理促进了管理向业务活动级深入。

深入是指从业务活动、组织层次、实物量化与货币化计量等维度不断强化对经济和运营活动的过程管控，利用"开源"和"节流"提升企业资源的利用效率和管理效益，提升企业价值创造能力。深入的内涵还包括利用海量数据的关联性分析，挖掘信息资源的内在商业价值。

在当前资费竞争过度、用户趋于饱和、行业政策多重环境下，运营能力已经成为电信运营商的核心竞争力，运营能力的提升成为市场价值发展转型的关键所在。只有通过产业链与产品链环节分析业务内在联系与模型，实现层次化与差别化考核，才能建立不同层次绩效与责任体的关联度。企业在绩效考核过程中，呈现层级、关联及差异化的特点，基于活动进行细化的管理模式对管理体制与经营模式变化具有更强的适应性。

移动互联网时代的到来，颠覆了传统商业模式。联通的管理会计实践围绕预算管理、全成本数据应用、细化网络核算、人工成本分配、网上商城等核心业务推动财务转型，ERP与业务系统创造了海量数据，为企业管理提供了更细致、多维度、多角度、多层次的数据展现。面对瞬息万变市场影响，企业决策也由事后管理向事中、事前管控转化，实时管控与决策支撑、预测与风险管控等管理需求均对会计人员提出了更高要求。

市场策略与客户成本的组合应用，促进企业价值创造能力和资源效率的统一。电信企业通过对内抓管理、对外抓市场、优化网络投入提升客户认同感，向管理要效益。河北联通利用关联市场业务，在海量数据基础上，分析业务活动与价值创造的内在联系；通过科学的细分市场，把握消费需求变化对企业价值创造的影响，提升产品的市场价值；通过推进财务与业务的融合，拓展会计管理职能，提升企业精细化管理能力；通过以同质低价和同价优质的产品策略取胜市场份额。同质低价是采用集中低成本战略，需要有较强的成本控制水平和渠道能力；同价优质采用集中差异化战略，需要建立面向客户的战略成本体系，有针对产品、客户级别的成本测算能力。

总之，商业机遇与挑战并存，机制能否支撑转型是电信企业成败的关键。绩效考核、风险管控、流程优化、激发活力等措施均是企业深入业务活动的细节，实现运营转型某个侧面，而非全部。

2. 在运营层面融合发展，拓展市场领域创造价值

随着移动互联网时代的到来，为适应网络化的用户和营销体系，三家电信企业均加快了运营转型，推进价值创造向产业链上下游转移，或以多产品融合打包的策略实现价值创造目标。融合是指对产品和服务向产业链上下游的拓展，利用移动互联时代的产品跨界和功能融合特性，通过市场策略拓展产品与服务领域，促进企业商业模式的转型，打造企业价值创造力。

业务融合首先要融入产业链和价值的增值过程，以产品融合提升差异化的竞争能力，以产业融合带动商业模式转型。中国联通的"沃·家庭"产品就是一个很好的融合业务案例，该业务是面向家庭客户提供基于高速宽带及3G/4G特征的，集固定电话、手机、宽带、增值应用及家庭服务于一体的融合套餐产品。跨界产品的核算与利益的相关性直接影响着绩效考核的多元化、利益长期化，以及价值创造的非显性化。

在融合业务模式下，运营商具有一定的天然优势。企业的盈利模式由单产品向组合产品演变，往往一种或一类产品免费，另一种产品收费，或多个终端产品共享服务并集中计费的方式设计产品。融合模式将价值创造向产业链或产

品系列拓展，在拉动市场的同时，其成本核算模式、绩效考核模式、盈利模式均变得更复杂。除了产品维度和过程维度外，还附加了供应链、产品生命周期、专业及部门等维度，对传统的量本利分析、作业成本、资源配置、预算体系等管理会计方法带来了全新挑战。

3. 在战略层面资本运作，以杠杆创造价值谋长远

谋长远是指企业采用战略投资及资本运作手段，利用资本及资金优势，通过战略投资方向转变与商业模式转型，促进企业由实体运营向资本运作与股权经营模式转变，进而拓展产业链，整合行业资源，提升抗风险能力，以实现企业中长期战略目标。

移动互联网时代的到来，通信企业需要在产业链中重新定位，寻求新的市场突破和市场地位。在运营转型的同时，也开启并购重组和资本投资，通过资金、网络覆盖上的互补、并购等资本杠杆手段大大改善企业的盈利情况。从战略布局角度考虑，以资本为纽带，以产业为抓手，以资本运作带动企业转型成为传统电信企业普遍采用的方法。在资本方式促进企业转型的过程中，业务形态稳中求变，体制与机制转变过程中实现高效、快速、差别化与市场化。以技术驱动产品形态，创新驱动新业务形态，产业融合商业模式，资本运作整合资源。在逐利的同时，实现企业价值创造与风险分担的管理目标。

新常态下的通信行业发展，须以移动互联网为基础，通过创新提升效率，通过创新实现价值。运营商在人才、技术、运营、管理、网络等方面的优势，将成为创新并获取市场地位、加快发展速度的绝对动力。通信企业与金融企业的融合，发展互联网金融及小额信贷，利用用户优势、支付结算、信用体系等向互联网金融企业转型。另外，物联网的应用对通信技术提出了新的要求，传统运营厂商只有融入智能家居、智慧城市、云办公与云计算等新兴产业和市场，才能避免任由内容及服务商家宰割的命运。将企业盈利模式向全产业链转移，提升用户对品牌的黏性；采用免费或低价通信模式，吸引用户向商务平台及电子平台转移。

总之，运用资本杠杆能提升效益，提高竞争力，至少能给企业争取更长的时间推进业务转型。但电信企业的根本出路仍然是彻底改革商业模式，适应由互联网技术推动的社会发展需求，否则任何传统产品及管理措施均不能解决核心，最终难摆脱被淘汰的厄运。

四、河北联通业财融合的路径

(一) 河北联通业财融合的目标

结合前述河北联通的运营架构和管理创新,自 2012 年以来,河北联通将财务管理作为实施价值创造的助推器,进行了业财融合的财务转型,其目标为:实现财务"集中化、扁平化、专业化"变革,完善价值管理、专业财务、支撑服务和风险防范四个体系,提升价值管理能力、支撑服务能力、激发内生动力和风险管控能力,推进优化授权、强基固本、激发内生动力、完善财务共享、加快销售财务、加强网络财务、严管行政财务、利润保障、资金精细化管理九项重点工作,建立由基础规范控制风险、支撑服务提升能力、管理会计价值创造三个层次组成的财务管理体系(见附图2.2)。

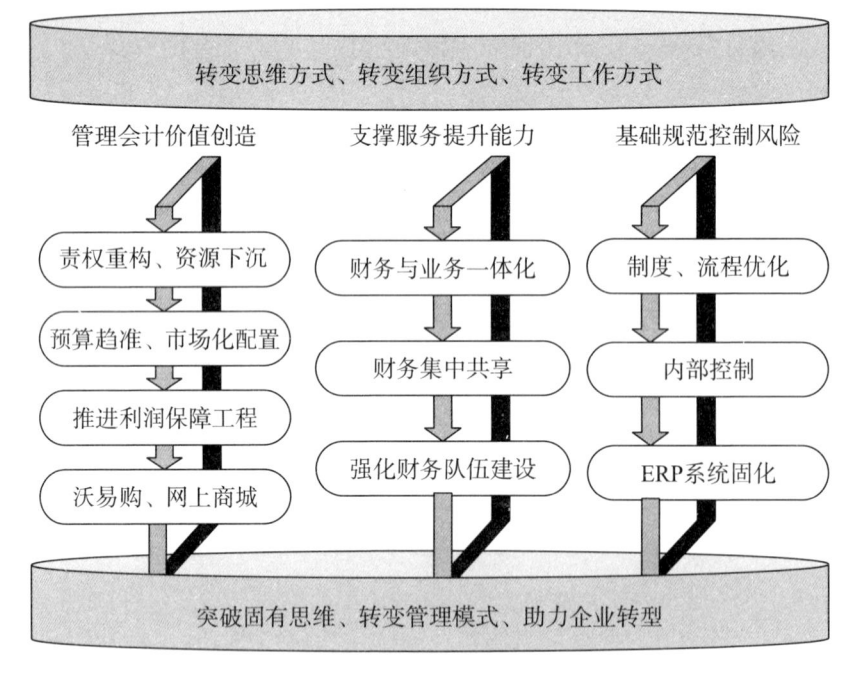

附图 2.2 基于价值创造的财务管理体系

三个层次相互支撑且融为一体:通过财务与业务一体化及财务集中共享等,强化财务向业务全过程渗透;通过责权重构、资源下沉及预算趋准、市场化配置等,构建具有特色的管理会计体系,实现业财融合,引领价值创造。

（二）财务组织架构的调整

1. 财务组织架构调整的思路

河北联通财务部门紧紧围绕公司"专业化、扁平化、集中化"三化变革指导思想，以业财融合为目标，进行财务组织重构（见附图2.3），建立"管理会计"＋"财务共享中心"管理模式——财务共享中心实行传统财务职能的集中化，达到提升组织效率、支撑提速发展的目标；管理会计实行横向管理的业务与财务一体化，纵向管理的省市县一体化贯通，实现服务支撑专业化、财务组织扁平化的目标。

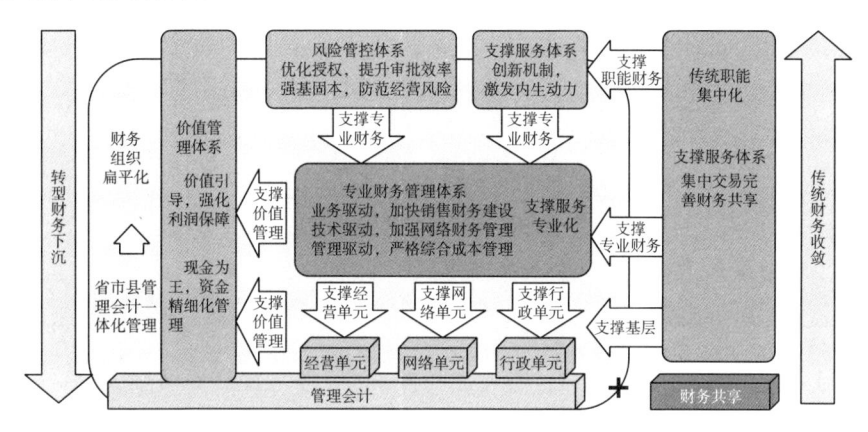

附图2.3　财务组织架构调整的思路

2. 财务组织架构调整的具体安排

根据上述思路，河北联通对原有的财务部门进行了重新设计，分为财务共享中心和财务部两个组成部分（见附图2.4）。财务部的定位是专注于财务职能管理，面向业务前端的服务支撑及对外关系协调，即"管理会计"工作。财务共享中心的定位是专注信息处理和生成、会计核算、交易处理、资金支付，面向财务部及数据需求部门做好信息提供和服务支撑，即传统的"财务会计"工作。

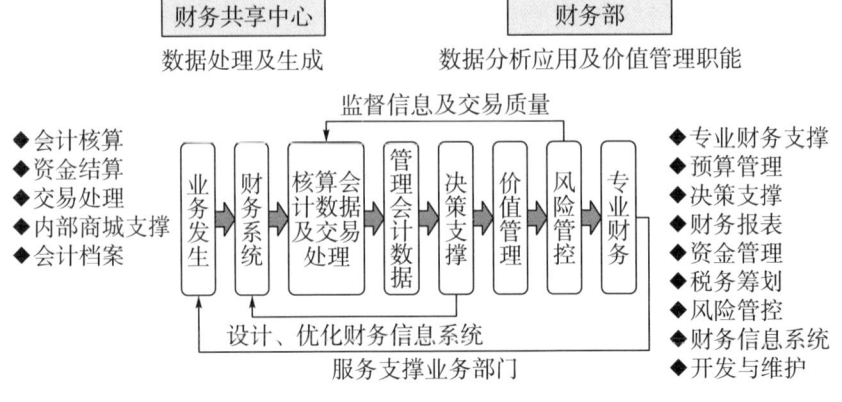

附图 2.4　财务组织部门设计

（三）财务共享中心的规划与实施

河北联通建立了财务共享服务中心，加速财务管理由会计核算型向价值管理转型，促进财务机构和人员由资源控制者向资源整合者和价值创造者转型，为企业运营改革提供了财务管理和资源管控保障。河北联通实施财务共享服务前，对公司的组织架构、业务模式、业务流程、信息化系统支撑、财务现状等进行了调研和评估。在此基础上，河北联通财务共享服务（见附图 2.5）以"管理上收、资源下沉，提升公司效益"的总体目标为指引，以现行授权体系为基础，以大 ERP 系统为支撑，以集中会计核算、资金支付、财务报告为核心内容，强化省市财务部门运营支撑和财务管理职能。通过战略财务、共享财务、业务财务三大体系，逐步建立以企业发展战略为导向，以优化配置财务资源为核心，以强化全面风险管理为保障，以持续提升公司价值为目标的新型财务集中管理模式。

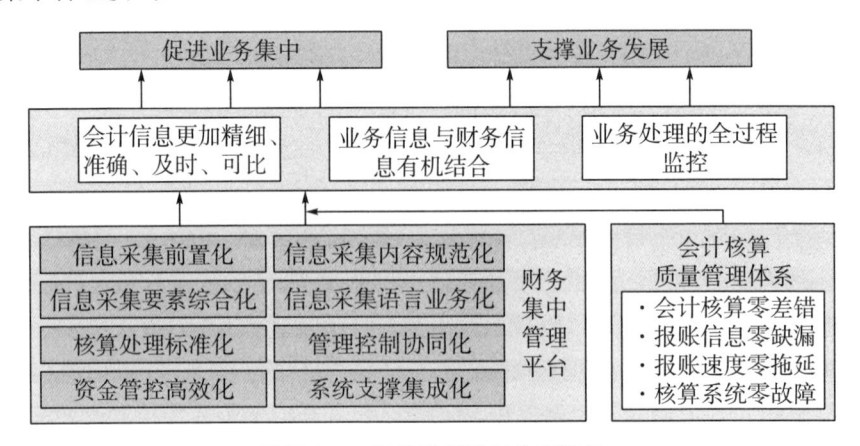

附图 2.5　河北联通财务共享服务

河北联通建立财务共享中心的路径包括如下具体步骤和内容：

首先，河北联通确定财务共享中心建设的目标是以集中会计核算、资金支付、财务报告为核心内容，强化省市财务部门运营支撑和财务管理职能。

其次，河北联通对公司的组织架构、经营业务内容及其流程、信息化系统现状、财务管理工作及财务人员现状等进行了调研和评估。从财务共享中心的模式来看，标准化的业务流程、完善的信息系统支撑、良好的财务管理工作基础和高素质的财务人员，是建立财务共享中心的基础和前提。

然后，确定财务共享服务的业务范围。河北联通在充分考虑前述调研和评估的基础上，分阶段确定财务共享服务的业务范围，先期纳入财务共享中心的业务范围包括收入及应收业务、费用报销、应付业务、总账业务、职工薪酬、利息及人工成本资本化、固定资产折旧等项目，后期将在建工程及资产核算、营收资金收款核算等纳入共享服务的业务范围。

最后，做好财务共享中心建设的长期规划和分步骤实施。河北联通将财务共享中心建设分为财务共享1.0、财务共享2.0和财务共享3.0三个阶段。财务共享1.0阶段实现会计集中核算，财务共享2.0阶段实现业财一体，财务共享3.0实现财务业务"互联网+"。

与原先的分散模式相比，河北联通财务共享中心优化了财务组织结构，在提升财务服务效率的同时降低了财务本身的服务成本，实现了业务流和信息流的同步，加快了处理信息的速度，财务信息的及时性、准确性得到了保证，为数据的多维分析和挖掘提供基础，保证了分析决策的有效性。总之，河北联通通过财务共享中心的建设，确定了财务共享中心在公司中的数据支持中心地位，为进一步的数据分析、挖掘和决策提供了基础和保证。

自2014年7月财务共享平台实施以来，从事基础业务的人员由170人降为43人，财务资源大幅优化。平台报账业务处理量达99%以上，手工核算业务较共享前下降45%，财务信息质量大幅提升。单业务周期处理时效较共享前优化37%，工作效率大幅提升。未达账项下降近50%，借款额下降23%，有效降低了财务风险。

河北联通已经完成了上述财务共享中心的建设，未来将进一步加强财务共享中心的建设。河北联通下一步将为财务共享3.0而努力（见附图2.6），以更好地实现财务共享中心的支撑服务功能。在财务共享3.0阶段，财务共享将立足聚焦战略，集中支持管理体系市场化变革，实现交易互联网化，核算体系自动化。以管理范围扩大、核算体系优化、业务模式互联网化、自动化深度应用为主要抓手，财务共享3.0的推进对于深化财务管理体系改革、激发基层单元活力有重要意义。

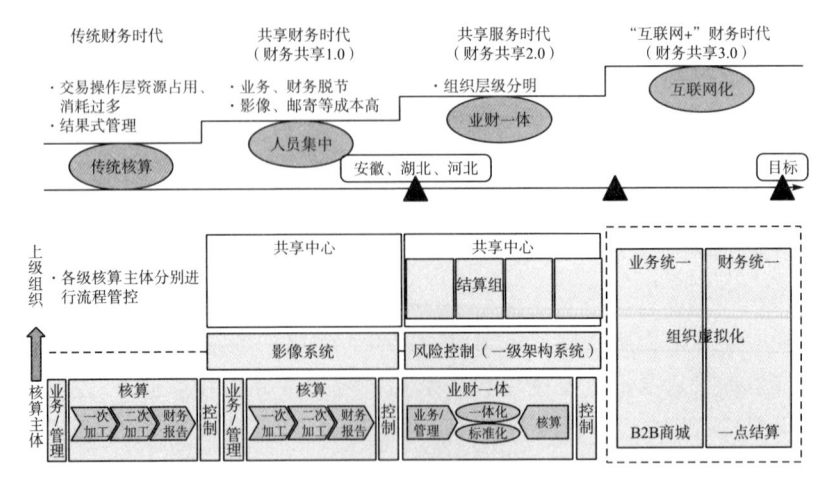

附图 2.6 河北联通财务共享中心的路径

（四）专业财务的规划与实施

围绕河北联通的核心价值链，河北联通财务部开展专业财务建设，专业财务管理深入业务流程，实行"嵌入式"服务支撑，提速发展，提升效益，管控风险。

1. 专业财务的实施环境

专业财务必须满足公司的业务流程的需要。一个典型的通信运营企业业务流程如下：运营商开展网络规划，建设通信网络，之后客户通过运营商渠道（营业厅、代理点、电子渠道）办理通信业务和缴纳费用，使用固定或移动终端发起通信行为，信号经过运营商的网络传递并计费，从而完成整个业务过程（见附图 2.7）。

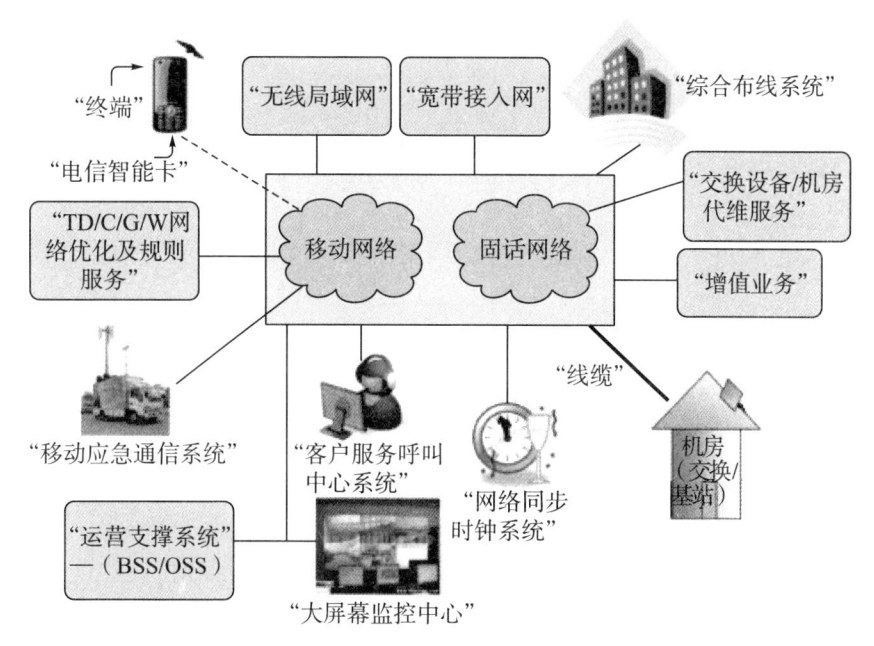

附录二 业财融合的实践：以河北联通为例

附图2.7 通信企业业务流程

为了保障"任何人、任何时间、任何地点"的通信，运营商需要广布网络和营业网点；同时，运营商所服务的客户数以亿计，每一个客户都需进行精准的计费。这就导致了其资产分布广泛、数量巨大，整个业务必须基于成熟可靠的IT系统进行统计。这些IT系统每时每刻都在产生海量数据，运营商在网络建设之外还需对这些数据进行深度处理，才能为客户提供更加有效的服务。在移动互联网时代，甚至需要拓展到客户所订购的每一项业务，所下载的每一项App应用，将其与客户使用行为相关联，与成本投入相对照，从而判断业务的发展前景和效益贡献。从某种意义上可以这样认为，运营商的业务运营依赖于对自身资产状况和对客户行为及其所产生数据的有效处理。

美国学者迈克尔·波特（Michael Porter）于1985年在其所著的《竞争优势》一书中首次提出了价值链的概念。他把企业创造价值的过程分解为一系列互不相同又互相关联的活动，从而构成"价值链"，企业的每一项经营管理活动都是价值链上的一个环节。在建设专业财务时，河北联通在业务链条的分析的基础上从实际业务出发，将业务链条归纳为网络相关活动、销售相关活动和行政综合辅助活动三个部分（见附图2.8）。

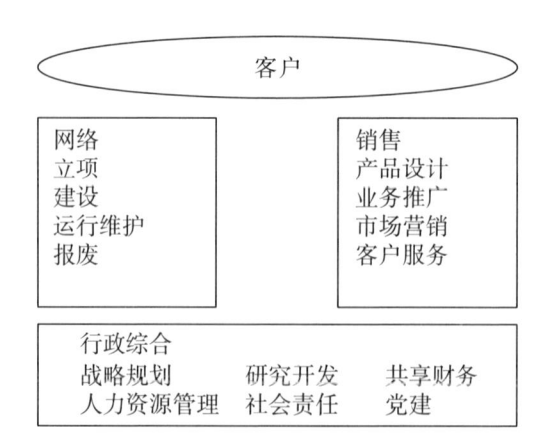

```
                    ┌─────────────┐
                    │    客户      │
                    └─────────────┘
    ┌──────────────┐      ┌──────────────┐
    │ 网络          │      │ 销售          │
    │ 立项          │      │ 产品设计      │
    │ 建设          │      │ 业务推广      │
    │ 运行维护      │      │ 市场营销      │
    │ 报废          │      │ 客户服务      │
    └──────────────┘      └──────────────┘
    ┌────────────────────────────────────┐
    │ 行政综合                            │
    │ 战略规划     研究开发     共享财务  │
    │ 人力资源管理 社会责任     党建      │
    └────────────────────────────────────┘
```

附图 2.8　河北联通的业务链

2. 专业财务的实施

（1）专业财务的目标与思路。

专业财务的目标是实现财务对业务的全过程、全要素、全范围的管理。全过程是指专业财务服务支撑贯穿于各业务全流程；全要素是指关注财务表现，从会计全要素倒推，引导业务流程优化，提升资源产出能力；全范围是指专业财务管理涵盖企业全部主体，关注企业整体效益。

（2）专业财务组织架构的设计。

河北联通财务部根据业务链条，对原有的财务组织架构进行了调整，将省公司财务部的运营支撑、资产管理、工程财务、成本管理、财务分析、预算管理、资金管理、税务会计和会计检查等九个组成部分，重新划分为网络财务、销售财务、行政财务、价值管理和综合支撑五个组成部分（见附图 2.9）。在此基础上，对下属地市公司的财务部门进行了垂直调整，并通过省公司派驻财务加强财务管理的执行力和提升财务与业务的融合度。

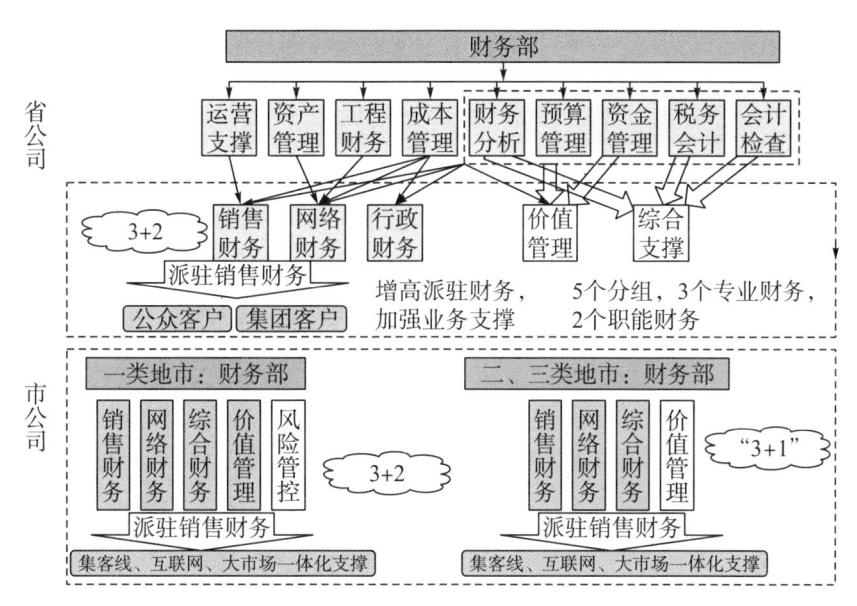

附图 2.9　专业财务组织架构

五、专业财务的具体实践

在财务共享服务中心提供集中化管理提供的实时数据基础上,河北联通开展了网络财务、销售财务和行政财务的实践。

(一) 网络财务

河北联通的网络财务是指财务人员参与到通信网络从立项、建设、运维到报废全过程开展财务管理工作。河北联通构建网络财务体系,通过专业化团队,将财务管理职能延伸到网络建设和网络运维,提高专业化财务管理能力,有效推进降本增效,提升资源使用效益。网络财务的具体目标包括：建设线依托信息技术向全流程延展,支撑业务部门落实投资效益管理责任,提高投入产出效率;资产线围绕资产使用效益和效率,推动资产效能管理,提高资产盘活再利用,推进网络资产瘦身优化;运维线围绕全面预算和作业成本管控,推进业财融合,积极推进运维成本精细化管理,支撑业务部门落实运维成本管理责任,推进"提质降本增效"专项工作实施。

河北联通建立了省、市两级以财务经理负责制为牵引的网络财务体系,贴近业务,快速响应,财务数据与业务数据结合,用管理会计实施运营导向。财务部下设立网络财务组，专门负责网络线相关财务管理工作，对接建设部门责、资产管理部门、运维部门等各个业务部门。

网络财务聚焦管理改善需求，结合网络线的业务特性，建立资产全流程管控机制，以会计全要素为基础数据的问题分析机制，针对建设、资产、运维相互衔接的投资占用成本、资产占用成本、折旧成本、运维成本进行管控（见附图 2.10）。

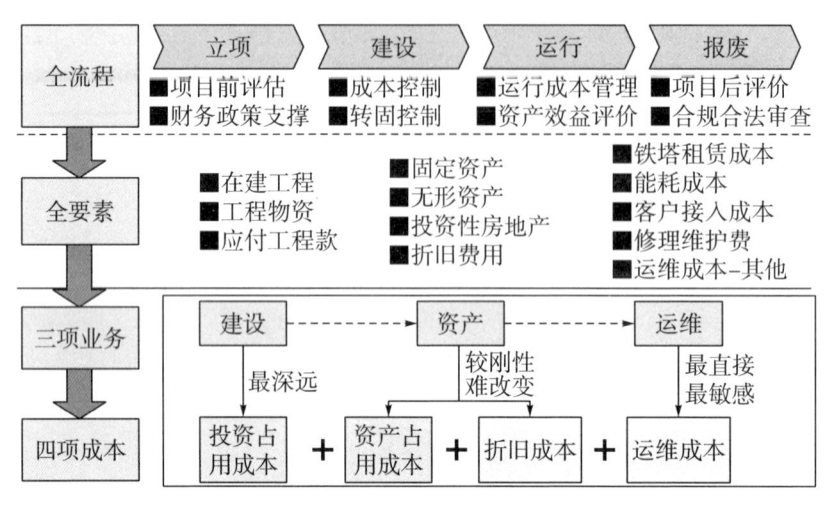

附图 2.10 网络财务

（二）销售财务

河北联通的销售财务是指财务人员参与到营销活动的产品设计、业务推广、市场销售到客户服务的全过程开展财务管理工作。财务部将销售财务管理派驻业务部门，围绕收入实现的整个过程，嵌入式地服务于集团客户与公众客户线，提升业务、财务协同效率，支撑公司规模效益发展（见附图 2.11）。在产品设计阶段，财务部门设定产品的红线和底线，参与业务模式优化；在业务推广阶段，财务部门按照投入产出原则对营销费用进行匹配管理，参与营销方案的评估和评价；在市场销售和客户服务阶段，财务部门进行资源投入和重点项目的效益分析，对营销过程进行风险管控。在参与业务的过程中，实现收入全过程管理（应收账款、预收账款、欠费及坏账管理）、成本费用全过程控制（广告宣传费用、社会渠道费用、营销物资管理、其他营销成本、用户维系成本、客户服务成本、终端补贴、公司资源）。在销售业务和财务融合的基础上，对业务情况和财务数据进行后评价，作为后期产品设计、业务推广、市场销售和客户服务的依据。

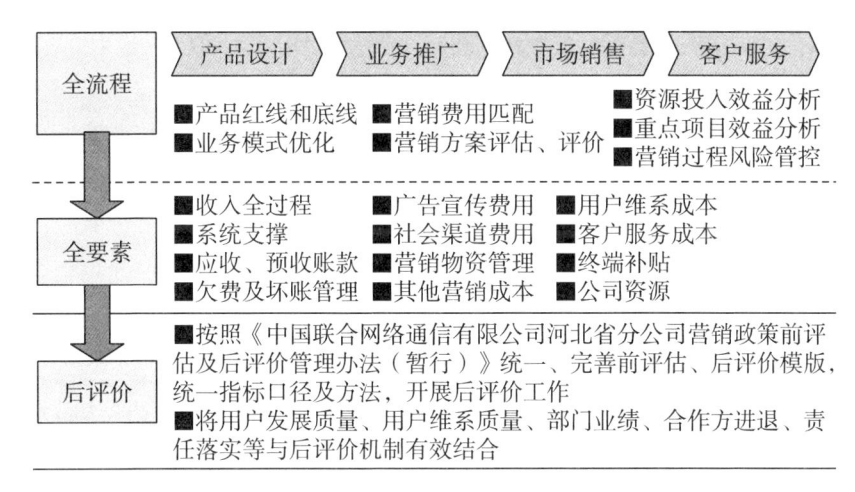

```
全流程 ─ 产品设计  业务推广  市场销售  客户服务
        ■产品红线和底线  ■营销费用匹配  ■资源投入效益分析
        ■业务模式优化    ■营销方案评估、评价  ■重点项目效益分析
                                          ■营销过程风险管控

全要素 ─ ■收入全过程       ■广告宣传费用    ■用户维系成本
        ■系统支撑         ■社会渠道费用    ■客户服务成本
        ■应收、预收账款   ■营销物资管理    ■终端补贴
        ■欠费及坏账管理   ■其他营销成本    ■公司资源

后评价 ─ ■按照《中国联合网络通信有限公司河北省分公司营销政策前评
        估及后评价管理办法（暂行）》统一、完善前评估、后评价模版，
        统一指标口径及方法，开展后评价工作
        ■将用户发展质量、用户维系质量、部门业绩、合作方进退、责
        任落实等与后评价机制有效结合
```

附图 2.11　销售财务

为了实现上述目标，河北联通搭建省、市两级架构的销售财务体系，组成面向集团客户线、公众客户线的专业化团队，提供实时、专业的财务支撑。

从省、市两级的职责定位来说，省、市两级纵向贯通，业务各有侧重。省公司注重政策引领与制度、模板优化，市公司注重业务延伸和运营支撑。具体来说，省公司销售财务的职责如下：①深度参与全省业务流程及核算规则设计。②组织开展各类业务产品及整体营销方案的效益评估评价。③设计完善业务财务数据分析应用模型并明确系统数据口径及应用规则。④明确营销类成本费用资源的动态配置机制。⑤对市公司销售财务工作给予具体指导。

市公司销售财务的职责如下：①深度嵌入本地营销单元的业务运营。②跟踪监控业务运营流程及核算规则的落地实施情况。③面对不同业务场景和客户群提供财务专业服务和支撑。④建立对营销单元经营效益及营销资源使用数据的动态分析机制。⑤提示经营风险并解决具体问题。

从集团客户线和公众客户线来说，两者的财务工作侧重点各有不同。其中，集团客户线聚焦产品及项目，以合同为抓手，积极研究新业务商业模式，在推动营销模式转型过程中，关注结算模式、信用方式、融合产品、效益性和风险管控等方面的财务支撑，如存单担保、信用卡分期、融合等；公众客户线聚焦产品政策、资源效益、业务与财务规则，遵循"效益为先、兼顾发展"的原则，梳理政策和产品体系，突出重点业务，防范风险，进一步完善后评价机制，促进后评价机制的落地，关注用户发展质量、用户维系质量、合作方评价与评级、部门业绩与责任体制等管理维度。

在上述销售财务的基础上，河北联通运用责任会计来激发基层责任单元的活力，建立细化的运营单元，以管理会计为基础构建直面市场活动的任务分解、资源匹配、绩效考核及薪酬激励机制，赋予与其职责相关的基层责任单元运营权，通过层次化的资源匹配和成本属性分析，进而计算每个责任单元的业绩指标。2013年开始，河北联通启动激发基层责任单元活力改革。此项改革通过划分"任务明、规则清、数据实"的基层责任单元，实现直达基层的任务分解、资源匹配、业绩评价和激励机制，以管理会计方法主导财务转型倒逼企业运营体制改革。

（三）行政财务

河北联通的行政财务是指财务人员对公司非核心资产和行政综合费用进行精益化管理，提高行政费用支出效能，降低支出风险。河北联通除了通信主业外，还有一些非主业用途的土地、房产等，非核心资产的财务管理和行政综合费用的财务管理一起纳入行政财务的范围。

省公司行政财务对于行政综合费用的主要管理职责如下：①贯彻落实集团公司行政综合费用管理制度。②执行省内行政综合费用管理要求。③协调相关单位、部门提高费用支出效能。④防范行政综合支出风险。⑤对所属各单位行政综合支出进行指导和督察。

（四）专业财务的效果：业财融合实现管理联动

河北联通通过专业财务，规范公司运营行为，按内部价值形成机制建立了业财融合体系，明确了财务支撑前端业务的职责，引导财务管理渗透至产品、渠道、商业模式、会计政策、风险防范等方面，推进财务职能由事后控制向事前、事中转移，由会计核算向决策支撑、风险管控转移。具体来说，达到了如下效果（见附图2.12）：一是聚焦重点业务，对重点业务部门实行"专人负责、一点接入、内部协调"的工作机制；二是成立跨部门工作组，引领财务人员深入业务前端，预判政策风险，推进全业务渗透过程中财务与业务部门的融合；三是将预算管理前移，实施市场化资源配置，实现事中管控，及时纠偏；四是构建决策与评估模型，建立评估、评价指标池，为业务部门提供数据、运营、政策支撑，为管理层决策提供建议。

分业务管理	分项目管理	分客户群管理
测评体系覆盖全业务 根据业务的不同特点设计不同测评办法 根据业务不同生命周期阶段提出的盈利要求	建立重大集团客户项目收入、成本归集 完善基于项目的投资效益测评度模型，关注项目整体盈利情况	根据不同细分市场、细分客户群设计不同的测评办法，并提出不同的盈利要求 构建客户全生命周期的效益评价体系

建立分专业、分客户的营业费用评估模型，通过模型，全面展示待评估政策或活动的户均营销成本与各类非变动成本具体情况，优化并执行相关营销政策 —— **前置介入机制**

前测后评制度 / **后评估机制**

评估模型 —— 从产品设计、渠道整合、价格策略、利益模式设计、商业模式创新、会计政策与流程、风险防范等方面事前介入，分析营销策略的可行性，判断资源投入对总体效益的价值贡献

附图2.12 专业财务的效果

专业财务体系自实施以来，河北联通累计评估营销方案688项，否决不合格方案35项，增加效益7520万元；累计评估集团客户投资项目2716项，涉及金额11.6亿元，否决不合格项目15项，压缩投资3455万元；评估2019个乡村宽带接入项目，涉及投资金额11.73亿元，否决不合格项目1471个，否决低效投资2745万元。河北联通在业财融合的基础上，通过实施利润保障计划直接增收2.8亿元，节支2.9亿元；盘活网络资产4.3亿元，节省投资3.76亿元；实现光进铜退净收益3.1亿元；房产直接出租实现收入1.8亿元，其他间接收益6.2亿元。2012年，全省11个地市中只有8个申报预算目标高于省公司下达指标，2013年之后，全部地市申报目标均高于省公司预期。业财融合大大减少了省、市分公司预算分解时的博弈，使预算更趋于精准。

六、河北联通业财融合中的管理会计工具

除了我们在前面论述的价值链、财务共享服务中心等管理会计工具外，为了实现业财融合，达到管理会计下沉落地的目标，河北联通综合运用了管理会计的各种工具，具体包括以下内容。

（一）运用责任会计重构"责、权、利"经营体系，激发基层责任单元活力

河北联通运用管理会计中的责任会计工具，通过划小基层核算单元，采用去行政化、职能化的手段强化基层的专业化能力，重构了任务到位、资源

到位、激励到位、直面市场的"责、权、利"一体化运营体系。在横向业务间，通过设计内部劳务及资源使用的虚拟结算体系，强化了各专业线基于毛利的管理目标。从纵向看，将可管、可控、可提升价值创造能力的各类资源下沉到基层责任单元，赋予基层责任单元与此相关的人、财、物管理权，实现"任务、资源、权利、激励"等纵向穿透。同时，建立简单、直观的考核激励机制，以绩效激励价值创造和任务目标，确保配套各项改革的资源包、任务包、权利包到位，达到激发基层经营团队活力的目标。此外，采用行为红线控制基层责任单元风险，利用财务共享、内部电子商城、信息化系统等手段实现资金流、物流的分离，在资源下沉的基础上，实现了公开、透明、实时的业务活动管控。

通过激发基层责任单元活力改革，河北联通将资源配置由省、市、县、乡四级逐层分解优化为三级垂直专业化管控，倒逼各项管理支撑，确保资源切实下沉。激发基层责任单元活力改革实现了资源投入与任务挂钩、业务发展与绩效挂钩、企业价值与个人薪酬挂钩的目标。

（二）运用管理会计中的预算管理工具，推动企业效益最大化

按照公司运营模式转型的有关要求，河北联通在原有预算管理基础上，启动了预算趋准与市场化资源配置相结合的创新模式，建立效益导向的动态预算管理机制，推动预算管理由资源导向型向目标导向型转化。具体做法为：按照"高目标牵引、高资源配置、高激励协同"的原则建立预算趋准机制，鼓励自我提升，以解决预算目标分解过程中上下层级因信息不对称而存在的博弈；采用基准预算与增量预算相结合的资源配置模式，对分档设置的预算增量收入累进配置资源与激励薪酬；运用收入目标函数测算考核得分，申报越趋准，考核分值越高；对于申报的增量预算收入，构建公开、透明的资源分配规则，并以预配或借贷机制，牵引资源向高价值创造区流动；利用基准利润对标设置A、B、C三档收入预算目标，按增幅分段配置资源及激励薪酬，鼓励自我挑战。

2012年，全省11个地市中只有8个申报预算目标高于省公司下达指标，而到2013年到2017年，全部地市申报目标均高于省公司预期。创新的预算分配措施大大减少了省、市分公司预算分解时的博弈，使预算更趋于精准。

（三）运用管理会计的精益管理工具，实施精益成本管理，提升资源配置效益

精益管理是管理会计中非常重要的工具。河北联通引入精益管理，尤其是

精益成本管理。精益成本管理是以客户价值增值为导向，融合精益供应链、精益产品设计、精益生产服务等环节，将精益管理思想与成本管理思想相结合，形成一种全新的成本管理理念。河北联通的具体做法为：以营销方案为载体推进面向客户市场活动的管控，制订了47项市场过程管控要点，围绕销售毛利率设置了20项后评价指标；针对网络维护和建设，采用集中化和项目化的管理手段，实施作业成本管理；2012年，以精益成本管理为目标搭建了立体化的利润保障体系，针对产品与收入保障、资产与物资管理、运营成本管理、投资与采购管理、资金与债务管理、人力资源管理6项利润源，拟定了《利润源项目及对应策略措施指南》，并辅以纵向到岗的责权体系指导业务活动；2013年，以财务报表指标为出发点，实施全要素价值管理、授权审批一体化等管理措施；2014年，通过优化重点，聚焦收入增长、资源配置、资产效率等价值动因，完善了全要素价值管理框架，推进客户价值管理，强化月度预测监控；2015年以后，持续完善精益管理，追求尽善尽美。

自精益成本管理实施以来，公司取得了较好的成效：河北联通通过实施利润保障计划直接增收10亿元，节支11亿元；盘活网络资产6亿元，节省投资3.76亿元；实现光进铜退净收益3.1亿元；房产直接出租实现收入6.3亿元，其他间接收益6.2亿元。

（四）运用管理会计信息系统，拓展互联网应用，实现全流程管控

河北联通是电信通讯公司，拓展互联网应用具有天然的优势和很好的基础。河北联通运用管理会计信息系统，为管理会计的流程管控提供技术支撑。

河北联通建立了"内部电子商城"来提升供应链管理水平，积极推进业务活动"去现金化、去行政化、去库存化"，建立了"供应商选择—商品比价—预算下达—订单生成—资金结算—成本核算"管理环节分离、IT系统串联控制的全流程管控机制，一揽子解决了物资供应、流程优化、风险控制的问题。目前，河北联通"内部电子商城"上线物资达4.62万件，年交易额为2.5亿元，节约资金4000万元。自启动"内部电子商城"以来，业务报销由原来每季度3万余笔降低至3千笔。企业的物资采购效率、成本核算效率和资金结算效率也大幅提升。

构建"沃易购"平台，整合产业链资源，实现了物流、信息流和资金流实时、全过程管控的目标。该平台通过资源分发、信息发布、业务受理、经营管控，改变了传统的产业链经营模式和价值分配模式，强化了电信运营商在产业链中的核心地位。自2014年6月"沃易购"平台正式上线以来，渠道采购成

本较之前平均下降7%，产品销售周期由8天降低至3天以内。转变的商业模式带来了明显的经济效益和社会效益。

七、河北联通业财融合的启示

（一）业财融合是大势所趋

在河北联通业财融合的实践中，我们可以看到，一方面，通过业财融合，财务人员能够全面、实时地掌握企业网络业务、销售业务、行政综合业务的活动状况，财务人员的各类经营预测和决策以来自业务活动的实时、相关、可靠的数据和信息为依据，及时分析和发现问题，以指导业务部门开展更为有效的业务活动，对业务活动绩效做出客观的评价，一改以往业务部门和财务部门完全割裂的情形；另一方面，在业财融合的背景下，业务部门也能够全面、实时地掌握各种业务活动所消耗的资源费用及创造的经济价值，主动寻求财务部门的帮助以不断采取措施改进业务流程，提升业务活动的效率和效果。最终，财务部门和业务部门围绕公司价值创造的共同目标，建立起良好的沟通和合作，实现更好的公司业绩。

我们认为，不管是大型企业还是中小型企业，传统的核算型会计人员很大一部分将被计算机信息系统所替代，对于财务部门和财务人员来说，只有融入业务的过程中，才能最大限度地发挥财务创造价值的能力。业财融合，对于财务部门和财务人员来说，已经是时不我待，大势所趋。

（二）传统的财务组织架构必须进行调整以适应业财融合的需要

河北联通在业财融合的过程中，将财务组织分为专业财务和共享服务中心两大部分。我们可以发现，业财融合后财务将更多地运用信息技术渗透到业务活动中，因此必须改造传统的职能式财务组织形式才能适应业财融合的需要。越来越多的企业财务组织形式分为战略财务、业务财务和共享财务三大部分。其中，战略财务是指财务参与到企业的未来规划和战略决策、制定企业层面的财务政策和制度；业务财务是指财务主动介入业务的过程、业务要配合财务进行实时的业务反馈和信息传递，例如财务人员参与业务研发过程的目标成本管理、采购过程的价格管理等，一起为企业提升经营的效率和效果从而为企业创造更多的价值，同时保证前端流程可以进行更加规范的处理和规划；共享财务就是把分布在各业务单元的财务和共性业务，通过流程规范、流程优化集中到共享中心，通过信息化手段进行高效快速的处理，实现信息透明、信息共享，节约财务人员的时间和精力，更多地参与企业的战略制定，为企业创造价值。

（三）走进业务是业财融合的核心

河北联通在建设专业财务的过程中，对公司的业务链进行了详细地分析，并在此基础上确立了网络财务、销售财务和行政综合财务三大类专业财务。我们认为，虽然各个企业的具体业务形式有所不同，但是，在建设业务财务的过程中，任何企业的财务部门都必须紧密结合自身的业务链来开展并进行相应的财务组织形式调整。业务链的梳理、分析、优化，是公司业务财务建设的基础工作，否则，业务财务将无从谈起。因此，业务链、价值链等知识及应用成为财务人员的基本功，这对现在以会计准则、税务等知识背景为主的财务人员提出了巨大的挑战。财务人员的知识和能力不转型，则业财融合的财务转型根本无法实现。财务人员走出财务办公室、走进业务、走进流程、走进数据、走进系统，是业财融合成功的关键。

（四）融入系统是业财融合的关键

当前的管理会计应用，已经越来越需要信息系统的支持。在实现业财融合的过程中，河北联通将财务工作和信息化建设充分融合：第一是业务规范化、信息化阶段，以2008年《企业内部控制基本规范》和2010年总公司建成的ERP及其外围系统为标志，为企业搭建了基础会计环境和财务管理平台。第二是信息共享阶段，以2012年开始启动的财务共享和上线的网上商城为标志，在全省范围内实现了信息流、资金流、实物流共享。第三是运营模式变革阶段，以2013年启动激发基层责任单元活力改革为代表，以组织构架转型促进运营模式变革。第四是大数据阶段，以2014年启动的精准化营销项目为代表，构建领先的信息服务网络。第五是运营能力与商业模式融合阶段，以2014年公司上线的"沃易购"平台为代表，开启河北联通商业模式的创新应用。